未時
UnRead
—
生活家

めいぶつ

きょうとめいぶつ

京都
好物

KYOTO

骆仪————————主编

北京联合出版公司
Beijing United Publishing Co.,Ltd.

京都好物

骆仪 主编

图书在版编目（CIP）数据

京都好物 / 骆仪主编 . -- 北京 : 北京联合出版公司 , 2018.5
ISBN 978-7-5596-1779-8

Ⅰ . ①京… Ⅱ . ①骆… Ⅲ . ①旅游指南－京都 Ⅳ . ① K931.39

中国版本图书馆 CIP 数据核字 (2018) 第 041678 号

选题策划 联合天际·郝 佳
责任编辑 龚 将 夏应鹏
特约编辑 郝 佳 张雅洁
美术编辑 汐 和
装帧设计 @broussaille 私制

UnRead – 生活家

出 版 北京联合出版公司
北京市西城区德外大街 83 号楼 9 层 100088
发 行 北京联合天畅发行公司
印 刷 小森印刷（北京）有限公司
经 销 新华书店
字 数 100 千字
开 本 700 毫米 × 980 毫米 1/16 13.5 印张
版 次 2018 年 5 月第 1 版 2018 年 5 月第 1 次印刷
I S B N 978-7-5596-1779-8
定 价 75.00 元

关注未读好书

未读 CLUB
会员服务平台

本书若有质量问题，请与本公司图书销售中心联系调换
电话：(010) 5243 5752 (010) 6424 3832

卷首语

好物

好店

好宿

好食

好礼

撰稿人

[卷首语]

像京都人一样生活，从挑选好物开始

京都什么都好！
京都的手作小店都很美！
京都的老铺传承了十几代！
京都的匠人精神很令人敬佩！

有着古都光环的京都深受宠爱，大概已经有超过一百本中文书籍在讲京都的百般美好。日本杂志上的京都专题更是数不胜数，几乎京都的每家小店都登上过杂志。

但作为一名外国游客，看完这些书还是有许多困惑：有的书推荐了那么多家店，却没有告诉我每家店的特色是什么，甚至让我觉得，只要是作者进过的店，他就会写得很美好、很小确幸，配上清新文艺的图片和滤镜，仿佛不写进书里就白去了；有的书分门别类罗列出几百种推荐商品，图文并茂，列明价格和地址，不可谓不丰富，然而我不想要一个大而全的购物清单，更想知道每一类商品的挑选窍门、每一件东西是怎么被制作出来的；有的书讲述的匠人故事让我很感动，他们抱着简单的信念，年复一年、日复一日做着艰苦的手作，但不可否认，有些器物已经不能适应现代生活需求，仅余文化价值；有的书，因为翻译自日文原版，多少存在一些生活习惯和文化上的差异，并不完全适合中国人使用……

那么，有没有一本书，既能用通俗的语言介绍京都手艺和器物的美好，又有实用性，让我看完就知道这些东西好在哪里、去哪里买、该如何挑选呢？如果没有，我是否能做一本？

于是，我们花了超过 4 个月时间，实地走访京都数百家店铺，筛选出 22 类用品、88 家店铺，又从中精选出 200 件值得购买的单品。

京都的老铺太多，创立 113 年的一泽信三郎自谦为"后辈"，而我们不会单单因为一家店铺足够老就推荐它，也不会因为一家店铺才创立几年就忽略。我们采访的清课堂、西川、鸠居堂、永乐屋、中川政七等老铺，加起来有几千岁了，他们依然孜孜不倦推陈出新，制造年轻人喜欢的产品；而年轻的 SOU·SOU 和 D&DEPARTMENT，也跟那些老铺一样，制造着能代表京都、能使用一辈子的好东西。

我们挑选的标准是——

京都原创，设计或技艺上有京都特色、传承京都历史文化；
适合现代日常生活且能长久使用（而不是纯收藏）；
能根据时代变化和实际需求不断创新；
价格合理；
自用送礼两相宜；

首选手工制作的；
首选在京都以外买不到的；
美。

以上标准，说简单其实也很简单，那就是我自己看过实物真心喜欢的，想要买来使用或赠送给朋友的才会放进书里推荐。于是，书还没写到一半，我们已经忍不住买了许多。

日本的电子商务远远不如中国发达，在京都购物依然是最传统的方式，你必须去店里看一看，有时甚至需要预约。但正是这样的线下购物带给我无限乐趣，即使都是卖杂货，各家店铺的灯光、装潢设计、货物陈列方式各不相同，都会影响到你对一件物品的感觉。

我们不仅逛遍京都店铺，也采访了许多位匠人。从京都出发，前往北部山村去拜访玻璃大师荒川尚也的工坊，亲眼看到一件玻璃器皿从玻璃液到成形的全过程，让我想起 D&DEPARTMENT 创始人长冈贤明所说的，"只有去过那个地方，知道甚至亲眼看到物品是怎样生产出来的，才会对它有感情，不会轻易丢掉。"在消费时代里，一掷千金买买买是再容易不过的事，但买到自己真心喜欢、想要日日使用到老的物品却并不容易。

在采访中，匠人们常常提到要做有用、好用之物，而非创造艺术品。锡器老铺清课堂第七代传人山中源兵卫说："所谓专业人士，就是只做被需要的产品，不做自己想做的产品。我们制作的锡器，不仅是传统工艺品和供奉神灵的神器，更是普通人用起来很顺手的日常生活用品。"这与日本民艺大师柳宗悦的理念一致："当美发自自然之时，当美与民众交融并且成为生活的一部分时，才是最适合这个时代的人类生活。"

而那些曾经用于神社寺庙祭祀、属于王宫贵族的物品，在匠人的改造创新之下，也会成为适合日常生活使用之物。

简洁、好用、耐用的生活用品，长久使用，让它成为生活的一部分。我们精心挑选，买回一件物品，也是买回京都的历史和京都人的生活态度。

好物

好物 - 01

东哉：小津安二郎之爱

撰文 ◎ 日野明子、骆仪　　采访翻译 ◎ 万金智　　图片 ◎ 骆仪

老店东哉创造出了令小津爱不释手的陶瓷，在《彼岸花》《秋刀鱼之味》等作品中多次出场。

樱桃子为东哉绘制的漫画

左图：匠人正在精心为陶瓷玩偶描边

❖ **出现在《秋刀鱼之味》中的茶杯**

大正八年（1919 年），初代陶哉于京都洛东清水音羽山麓建成穴窑。此后，家族的继承人都以东哉为名，也把这一名字刻在陶器上作为签名。1936 年，东哉二代目在东京银座开设了店铺。位于京都清水寺附近茶碗坂的京都清水店本为住宅与工坊，现在名为"2 畳の間"的空间作为商品陈列处，由东哉三代目主管。京都清水店于 2000 年改造，那一年是龙年，是日本人心目中的"飞越之年"，选择在那一年改造，也让客人们备感欣喜。改造后，客人在选购商品时可以眺望秀美的庭院。

东哉创业之初，在其他地方销售京都制造的陶瓷，但没有自己的店铺。东哉二代目出差去东京时，被银座充满现代感的风貌深深震惊，下决心要在那里卖自己烧制的陶瓷，于是在银座买了地，开了店。清水烧本是汲取各地陶瓷精粹后添加京都风味的产物，东哉却进一步将京都之雅趣与东京之洒脱相结合，塑造出独一无二的质感。

这吸引了许多文艺界人士的注意。例如，著名导演小津安二郎在自己的首部彩色电影《彼岸花》和后来的《秋刀鱼之味》里都选用了东哉制的餐具，小津还会偶尔前往东哉在银座里的店铺，和东哉一起看场棒球赛，从中足以看出他与东哉的亲密。

日本现代设计第一人剑持勇，在 1957 年的米兰三年展上展出东哉的器物，荣获金奖。1958 年，东哉的作品又获得布鲁塞尔世博会金奖。此外，东哉的作品还常常被用作礼物，也颇受歌舞伎演员、作家等创意型工作人士的欢迎。漫画《樱桃小丸子》的作者樱桃子也是东哉的顾客，她还手绘了一幅小丸子漫画送给东哉，如今就挂在东哉的工坊里。

. . .

匠人

山田悦央

东哉三代目，继承店铺后依传统改名为山田东哉，擅长设计陶瓷器图案，每年也会自己烧制十多件作品尝试新风格。

❖ 接受定制与终生追加的陶瓷器

东哉接受全世界顾客的定制，客人可以根据自己的喜好和陶瓷器的用途提出需求，由东哉设计制作。与其他陶瓷职人不太一样的是，东哉主要是自己设计图案，再根据陶瓷器的特点委托不同的窑烧制，这使得他们能做出风格非常多样的作品，朱彩、仁清、赤绘等，不一而足。不过，即使尽量满足客人的要求，东哉还是会坚持自己的特色，作品大体素雅简洁，在店里基本看不到那些金灿灿、繁花似锦的陶瓷器。另一方面，东哉也会每年亲手烧制约 20 件作品，进行各种各样新的尝试，如果成功的话，则固定下来委托其他职人制作。

京都的窑中有不少伏窑，东哉会委托这里的"生地职人"（专门制作陶瓷素坯的陶工）做好素坯后，再由自家工坊作画上色。经过几代人的合作，这些生地职人能够准确把握东哉的需求，制作出符合东哉风格的陶瓷素坯。

精致的陶瓷器在这间简朴的工坊中诞生

制作步骤

1. 制作素坯。

2. 作画。

3. 烧制。

选购锦囊

1. 可通过官网留言定制，接受英文订单，中文订单暂不接受。

2. 东哉的产品均保留着原始设计图，无论过多少年都可以追加购买。

目前，东哉生产的瓷器与陶器比约为六比四。陶器吸水性更强且更易破损的特点导致其制作减少，大众也开始认为清水烧都是瓷器，在这种背景下，制陶能达到 40% 的工坊十分稀少。但是，京烧名家，不论是野野村仁清还是尾形乾山，制造的都是陶器。能够反映历史流变的，也非陶器莫属。

不过东哉的强项不仅是对制陶的坚持，他家的产品可以只买一件，但是不管经过多少年，都可以追加购买。正因为希望设计出能够长久使用的陶瓷器物，满足人们的需要，东哉的继承者才会始终守护祖先的技艺，保存每一件作品的设计图案，让每件器物的制作方法都能够传承下去。

当代的东哉社长山田东哉有感于顾客想要自己做一件陶器的心愿，开发了体验项目。如果想要感受在京都百年老铺制陶的乐趣，那就一定不要错过。

画上纤细的花朵后，素白的杯子更富情趣

右图：研磨青色颜料

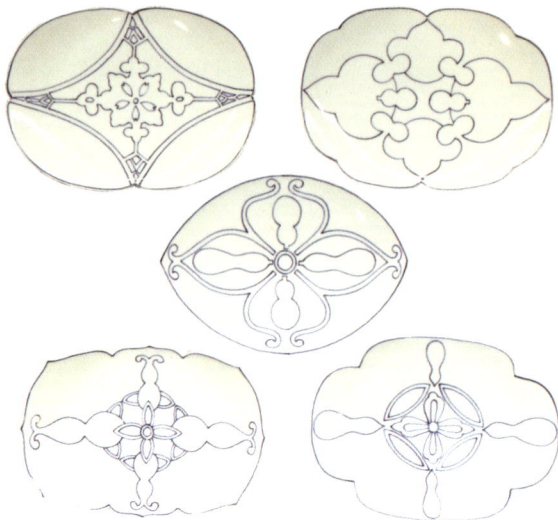

001　**小向付·仁清·松·花形**

5000 日元（未含税，下同）

怀石料理中用于盛放鱼生、刺身的餐具。杯口为绽放的花朵形状，杯身绘有蓝、绿色松叶，颜色淡雅。

002　**长方皿·远州透·五只装**

70000 日元

根据日本著名茶人小堀远州喜爱的纹样，以"染附"技法描绘。五只碟子造型各异，线条巧妙连接，最薄处仅 2 毫米，制作难度很高。与和式或西式餐具均可搭配，简约耐看。

003　**堂本印象美术馆合作款·马克杯·风趣**

30000 日元

东哉作品中较为罕见的西式餐具，借鉴法然院的袄绘图案并将其描绘于杯身，古味盎然。因为是合作款，包装木盒上还有堂本印象美术馆馆长三轮晃久的题字。

004　**大汤吞·朱彩·腰染菊**

13000 日元

在小津安二郎电影中出现过的人气酒杯。上半部分为朱红色，下半部分为带有菊花瓣图案的深蓝色，有明显的日式风格。

005

006

007

008

---

005 小皿·南本手彩·柳樱

3800 日元

轻柔垂落的柳枝和粉嫩樱花，使用时仿佛也遇到了春天。"南本手"是来自朝鲜半岛的烧制风格，又称"御本手"。瓷器显出淡淡的粉色，十分耐看。

006 鹤盘

36000 日元

仙鹤是日本常见的祥瑞意象，整只盘子被别出心裁地设计为展翅飞翔的仙鹤，充满祝福之意。

007 小器·云彩·木瓜形

3000 日元

陶器宛如一朵碧云，鲜亮的绿色上有细碎的金箔，十分华丽。

008 汤吞·高彩·千羽鹤·大小两只装

10000 日元

白瓷质地之上手绘着舞动的丹顶鹤，精致而灵动。大小两只汤吞酒杯可作为礼品，或与同系列的茶碗一起日常使用。

锦囊 · 01

日
本
陶
瓷
知
识
锦
囊

撰文 ◎ 日野明子、小绿

图片 ◎ 王明远、刁雪菲

插画 ◎ DNa

博采各地陶瓷之特长而渐渐发展形成的"京烧"，种类丰富多彩，是京都每个家庭的记忆，也是整个日本陶瓷业的缩影。

日本家庭基本都离不开陶瓷器物，一代代人买回来的杯盘碗碟摞在柜子里，成为关于每个家庭如何延续、如何成长的最朴实、最鲜活的记忆。

❖ **美食还需美器衬托**

若是看看京都人的碗橱，你一定会发现一样东西——盖碗（"蓋つき碗"，即带盖的碗），这也可以说是京都与其他地方使用陶瓷器时的最大区别：在京都，招待客人用餐时一定会使用盖碗。盖碗看似简单，实际上制作难度不小，因而

一字相传中村家
向付：金枪鱼大腩、乌贼、鲷鱼刺身

一字相传中村家
水物：白桃、梨、石榴

阪川
水物：甜瓜、葡萄

阪川
烤香鱼

西方高级料理的摆盘艺术更重视食物的造型，以白色器皿居多，而日本料理则更重视食物与器皿的搭配，食器造型、色彩各异，不乏名家的稀有专款。各家料理人的背景对菜品的影响很大，比如西川的主厨是友禅染世家，他设计的菜品颜色搭配鲜明靓丽，给人很强的视觉冲击。富小路山岸的主厨在茶道、花道、书道上都有很深的造诣，菜品设计更加注重日本传统美学的意境，层次细腻，食器古朴，菜品造型立体，有很强的空间感。

安久
炸甲鱼春卷配万愿寺唐辛子

千花
先付：猕猴桃、白芦笋、豌豆配猕
猴桃酱

千花
向付：金枪鱼、鲷鱼刺身

炭火割烹 Ifuki
黑松露拌荞麦面

富小路 山岸
先付：拌高野山松茸

鮨 忠保
烤乌鱼子

祇园 西川
先付：炸腐竹裹虾米、香菇配豌豆汁

绪方
食事：炸牡蛎、山椒汁配饭

造价较高，日本其他地方基本是不制造、不使用的，但京都人依然保留着使用盖碗的习惯。除了餐具外，陶瓷也常被用作茶具，这一点在京都格外明显——毕竟京都人与茶道早已密不可分。

与家庭中风格各异的餐具、茶具相比，京都餐厅中使用的陶瓷器则统一得多。陶工根据主厨或餐厅老板的需求，制作出最契合餐厅氛围的餐具，使之成为餐桌上的好景致。日本讲究"小皿文化"，一桌完整的料理种类丰富，但每道菜小而精，因此餐具也更加注重对食物的衬托。品尝日本料理，除了感受食物的美味外，懂行的人还会观察食物与器物的颜色、尺寸，甚至花纹的位置是否搭配，这也能检验出一家店是否真的懂得"美"为何物。

. . .

❖　京烧风格混杂，难以简单概括

与其他地区可以利用当地原料制作陶瓷器的情况不同，京都基本不允许开采本地矿石，据说直到 16 世纪末，京都人使用的陶瓷器还是从外地运来的。从平安时代[1]到后来华美艺术风格盛行的桃山时代，京都的权贵们开始让本地陶工模仿各地风格烧制陶瓷，京都本地陶工渐渐习得了各种技法。自己有技术，只要客人提出要求，什么样的陶瓷都能做，这就是京都陶艺家的自信。也正因为京都陶瓷风格之混杂，反而无法明确说出什么是"京烧"。

【1】当时京都被称为"平安京"，作为首都，是日本的政治中心和文化中心。

在京都陶瓷业悠久的历史与繁杂的种类中，有两个人的名字不得不知：野野村

色绘椿文香合（尾形乾山作品，现藏于东京国立博物馆）

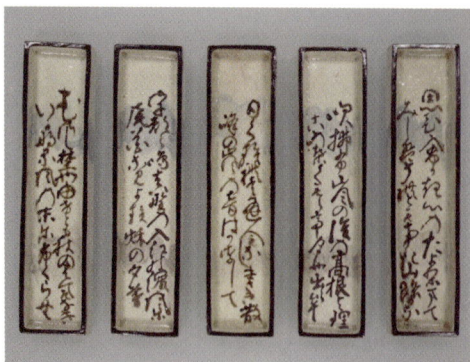

锈绘十体和歌短册皿（尾形乾山作品，现藏于东京国立博物馆）

仁清与尾形乾山。野野村仁清（生卒年月不详）是活跃于 17 世纪中叶的陶艺家，擅用鲜艳的色彩，时而使用金彩。由他设计的图案与构图，现在也常被用作艺术设计。尾形乾山（1663—1743）是日本画家尾形光琳之弟，常将日本袄绘[1]图案描画于餐具之上，风格大胆。值得一提的是，他制作的陶瓷器用起来极其舒服。

【1】袄绘是一种室内装饰壁画，也被称为"障壁画"。

在日本工艺中，"写し"（临摹、仿制）比较常见，许多艺术家会临摹前人的经典，并融到自己的作品之中。京烧、清水烧中有许多都是"仁清写し""乾山写し"，即借鉴野野村仁清与尾形乾山的作品。（不过，有一点要注意，虽然野野村仁清与尾形乾山对京都陶瓷工艺影响极大，日本陶瓷的起点还是中国与朝鲜的陶瓷器。）

. . .

❖ 京烧注重观赏性

目前活跃在京都的陶艺家大致可分为两类：个人作家，即现代造型艺术家与餐具工艺家；拥有独立工坊且以工坊名义贩卖作品的职人，或只加工委托商品、不制作自家作品的"伏窑"（伏せ窑）。

在京都的烧窑产业中，有一个非常重要的工种是"问屋"（問屋）。问屋既是中介，也是企划者。他们会从陶瓷器商店或餐厅那里听取客户的需求，然后加上自己的要求，告诉伏窑的陶工需要制作什么样的商品，陶工也通过他们了解市场的新需求。

和日本其他地区的陶瓷相比，京都陶瓷不仅注重实用性，还注重观赏性。美观与否是每一个京都陶艺家必须考虑的要素。也正因为如此，京都陶瓷的价格更高，但陶艺家们自信自己的作品物有所值。

不仅如此，在其他地区发展机械化、努力提高效率的时候，京都陶艺家们还使用着 20 世纪上半叶常用的机械辘轳。这种做法十分考验使用者的技术，也不能把画好的图案直接印在器皿上，可是我想，这种"固执"的手工制作还会延续下去吧。

❖ 历史：起源于濑户，兴盛于九州

陶瓷在日本的历史可谓久远，大约自绳文时代起便有了烧制土器，奈良时代时受唐三彩等的影响，发展出了主要用于佛事的奈良三彩。但是，真正的日本陶器产生于镰仓时代，那时，陶器制作技艺由中国传入日本，最早落户爱知县濑户市。因此，日本人视濑户为本国陶瓷行业的起点，将陶瓷器总称为"濑户物"。1592 年与 1597 年，丰臣秀吉两度对朝鲜出兵，野心勃勃却屡战屡败。随着军队撤退，大量优秀陶工也被带到了九州地区，九州因此发展成日本陶瓷产业最发达的地区。

. . .

❖ 京烧与清水烧

在京都制造的陶瓷器总称为"京烧"，色彩和谐高雅。现在世人所知的清水烧是京烧中颇具代表性的一种。因清水寺参道的五条坂界隈处曾聚集了清水六兵卫、高桥道八等众多窑厂，后人便将这一带的陶瓷器统称为清水烧。

. . .

❖ 冷知识：茶具总比餐具高档

选购陶瓷器时，除了大小、重量、花色外，最重要的选择标准其实是个人喜好。这是一个相当主观的标准，却正确无比。比起种种讲究，使用陶瓷的人喜不喜欢，自己觉得好不好用才是最重要的。

不过有一点需要注意，在日本的陶瓷世界里有一道天然的鸿沟：用作茶具的陶瓷器总比用作餐具的陶瓷器高档些，即使是同一陶艺家所做的也不例外，这一点在商品的价格上也表现得特别明显。

	原料	烧制温度	硬度	日语别称	特征	叩击声
陶器	黏土、陶土	1000～1300℃	较低	土物	本体为茶色或灰色	较浑厚
瓷器	高岭土等	1300～1400℃	较高	石物	本体为白色	较清脆

a. 吞水：盛放蘸料的碗，底部较深 / b. 土瓶：陶瓷制烧水壶 / c. 急须：手持茶壶 / d. 汤吞：茶杯 / e. 德利：收口酒瓶 / f. 猪口杯：又称"盃"，小酒杯

三种釉药

随着中国、朝鲜等地先进的陶瓷制作技艺传入，日本渐渐发展出现在的三种釉药风格。

[粉引] 以含铁量高的陶土为基，添加白色陶泥釉制成。陶器通体如同被粉末拂过，故别称"粉吹"。

[三岛] 成形后雕以花瓣图案，再涂抹白色泥釉，拭去后呈现出白色纹样。花朵连续的被称为"花三岛"。

[染付] 烧制前描绘花纹，烧成后在白色肌理上呈现出类似青花的图案。

[黄濑户] 日本原创。将蓝矾（五水硫酸铜）制成的着色剂加在淡黄色的基底上，形成独一无二的绿色斑点纹理，如同枯萎一般，表现出日式美学。

[赤绘] 别名"色绘"。烧制完成后，以红、黄、绿等色泽明亮的颜料描制花纹。添加金彩的被称为"金襕手"。

[志野] 岐阜县美浓地区特产。表面呈现柚子皮一样的粗犷质感。添加灰色釉药的被称为"鼠志野"。

[交趾] 据传发祥于越南北部地区，以鲜艳通透的黄色、蓝色、绿色器体为特征。

[烧缔] 不添加釉药烧成的陶器，以备前烧为代表。陶器在高温下偶然生成纹理变化，能够增添其艺术性。图中为"南蛮手"。

[白瓷] 只施加透明釉药，无花纹点缀的纯白瓷器。造型简单，多作为和食器。

[青瓷] 与白瓷相对，青瓷由中国传来，早期以翡翠色为主，通透淡雅。图中为青白两色的青白瓷。

[织部] 岐阜县美浓地区特产，以绿色为特征。通体绿色的被称为"总织部"，部分描花的为"绘织部"。

餐具名称

a   b   c   d   e   f

好物 - 02

清课堂：柔软又沉重，冷艳又温暖

撰文 ◎ 骆仪　　　图片 ◎ 骆仪、清课堂　　　采访翻译 ◎ 刘宇宵

七代老铺清课堂的锡器不只是用来展示的艺术品，更是日日相伴的生活用品。

好物

锡器

质地软，适合手工打磨造型；导热率高，遇热即热，遇冷即冷；抗氧化、耐腐蚀、几乎不变色，因此多用于制作酒器、茶具、花器、神器等。

· · · · · · ·

名铺

清课堂

创立于 1838 年（江户时代），是日本现存唯一一家锡器老铺，其产品出现在日本各大神社，受到王室贵族和海外人士的推崇。

地址：京都市中京区寺町通二条下る妙满寺前町 462　电话：075-231-3661　营业时间：10:00—18:00（12 月 31 日至次年 1 月 3 日休息）　官网：www.seikado.jp

产品亮点

1. 全手工制作。

2. 造型优美、简洁、耐看，不追求花哨图案。

3. 因应现代人生活习惯不断改进产品，使用起来顺心顺手。

京都有一些老铺，一走进去就会感受到无形的气场，让人不由自主地放轻脚步、屏息凝气。气场来自考究的灯光、陈设以及器物本身的光芒。作为日本现存唯一一家锡器老铺，1838 年创立的清课堂就是这样一家店。每一只锡器器皿都有自己的纹路表情，清冷如银白的月光，美艳不可方物。

但清课堂的锡器并不只是用来展示的艺术品，更是日日相伴的生活用品。锡的导热率高，遇热即热，遇冷即冷，抗氧化、耐腐蚀、几乎不变色，因此主要用于制作日本酒的酒壶和酒杯。初次拿起一只锡器酒杯，我惊讶于它沉甸甸的质感，这是恰到好处的重量，让人有安心的感觉。不舍得放下，用手心轻轻摩挲着，酒杯很快温暖起来，也变得柔和可亲了许多。对锡器从陌生到亲近，从仰望到使用，不需要多高冷的艺术知识，你只需要把它捧在手里，放到唇边。

. . .

❖ 千锤万打，轻柔呵护

清课堂本店位于老街寺町通上，作坊就在店铺后面，七代目山中源兵卫先生搬来两张凳子便跟我聊了起来。他穿了件半立领白衬衫，料子看起来柔顺服帖，搭配深蓝长裤和皮鞋，交谈时一双杏眼专注地看着对方，手指修长，指甲修剪整齐，胡子刮得干干净净。不认识他的人，大概以为这是一位温和儒雅的文人，而不会联想到肌肉发达的质朴金工，更不是在中国网络上被口诛笔伐的"油腻中年男人"。买鸡蛋不必看下蛋的母鸡，但买一件日日使用的器物，如果你知道它由一位气质优雅的男人手工打造而成，就不能不平添几分好感了。

锡的熔点只有约 232 摄氏度，而且非常柔软、易于切割，无须经过复杂的冶炼锻造，最费时的工艺在于打磨造型，因此作坊里没有火热的大熔炉，最引人注目的就是大大小小的锤子。

锡器的制作工序大体分为两种，一种是将锡锭熔化后倒入模型，

左图：锡制的花器造型优美，纹理如水波

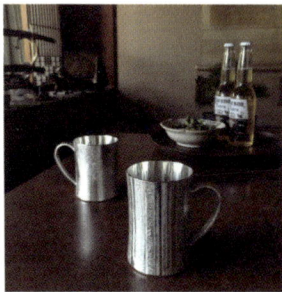
锡酒杯

凝固成形后取出，固定在轮轴上，用脚踩带动轮轴使锡器高速旋转，然后用刀具进一步加工造型；另一种是将熔化的锡锭倒入大理石板中凝固成锡板，然后修剪出锡条，焊接成杯子。随后需要对锡器的表面进行打磨抛光处理，锡器质软容易刮花，别说戴戒指，就连用指甲一刮都能刮出一道痕来，要想抛光至如银镜般光滑明亮，很耗时间。

而清课堂的更多器物表面带有用锤子手工敲打出来的细密纹路，锡器比银器和铜器都要柔软，打出来的纹路更立体、更耐看。这种锤打的金工技法叫"锻金"，纹路叫"锤目"。锡器的锤目纹有石目（如石子表面的颗粒状纹路）、杉目（如杉木树干的纹路）、丸目（如鱼鳞状的纹路）等。每一种纹路分别出自不同的锤子，石目锤的锤头是正圆形，杉目锤扁长，而丸目锤则是圆角方形。同一种纹路也有锤头大小不一的多把锤子，粗略数数，工具架上的锤子就有四五十把。

"锤打哪一种纹路最难、最考验匠人手艺呢？"我问山中源兵卫先生。

他搬出一截树桩砧板，拿来一根锡条，当场在上面锤出了三种纹路。"你看，石目和杉目都是一敲下去就留下锤头那么大面积的纹路，而丸目锤每次留下的凹陷面积很小，要敲打的次数更多。"这是因为前两者的锤头都是凹凸纹，如印章般直接在锡条表面"印"下纹路，而丸目锤的锤头平整，完全依靠敲打的力度做出造型，打一只小号丸目纹酒杯需要不停锤打 20 分钟以上。"打一个不难，难的是打十个甚至一套，目纹的大小都要完全一样，力度要拿捏得非常好。"一名熟练的锡师，一天也只能做三五只酒杯。

. . .

❖ 古老又新潮，在变化中坚守

奈良时代，锡器制作工艺从中国传入日本。千年古都京都，神社寺庙众多，清课堂在创建初期主要制作与神事活动相关的器皿，现在传承到第七代，几乎是硕果仅存的一家神器店铺。"清课堂之所以能够维持到现在，真是要感谢京都。"山中说。

不过，在跟山中的交谈中，我们聊的不是清课堂的辉煌历史，而是清课堂如何不断求变，制作出符合普通人日常生活需求的产品。

由于锡器密封性好，也常常被制成茶叶筒。但在过去 30 年间，锡器茶叶筒和酒器的销量此消彼长。人们的酒量越来越大，"过去是小口小口抿，现在是大口大口喝"，于是清课堂制作的锡器酒杯也比过去大了约三分之一。另一方面，"过去喝温酒，现代人更偏爱辛辣冷冽的口感"，这就更加显出锡器的优点来，因为锡器能中和清酒的辣味，入口微甘。"口味一直在变，产品也要变。"

除了制作常规的圆筒形酒杯外，清课堂还有些造型独特的产品。例如将端庄如古典花瓶的神社祭祀神器"九重"的细瓶颈去掉，改造成口大身细的 Kokonoe 高脚杯，曲线柔美，捧在手里也很贴合。三脚造型的 Sukuu 系列清酒杯，能够让人联想到中国古代的青铜酒器。还有在现代生活中已经被遗弃的火盘，山中利用锡器"遇热即热遇冷即冷"的特质，将其内壁改为锡，就成了一件非常酷的冷酒器，让这种日本传统工艺得以换一种方式留存下来。

2018 年是清课堂创立 180 周年，因此，清课堂推出了特别限定商品——银香炉"三足之蛙"[1]。清课堂京都本店附近的本能寺中有件宝物名为"三足蛙香炉"，相传本能寺之变[2]前夜，香炉突然发出蛙鸣，提醒了织田信长，三足蛙香炉因此成为人们津津乐道的传奇。清课堂的银香炉"三足之蛙"使用纯银手工打造，制作工期为两个月，忠实再现了本能寺宝物"三足蛙香炉"。

【1】限量 18 只，2018 年 1 月起开始接受预订，制作完成后邮寄上门，价格为 500000 日元。

【2】本能寺之变为日本历史上的著名政变。1582 年 6 月 21 日，日本领主织田信长的得力部下明智光秀在京都本能寺起兵谋反，日本历史由此改写。

更多好物

开化堂·铜制茶叶罐

开化堂是明治八年（1875 年）创立的手作茶筒老铺，其茶筒造型简朴，筒盖与筒身严丝合缝，能够长久保存茶叶的香气。铜器的色泽会随着时间的推移变深，留下岁月的痕迹。

地址：京都市下京区河原町六条东入　电话：075-351-5788　营业时间：09:00—18:00（周日、每月第二个周一及公众假日休息）官网：www.kaikado.jp

清课堂还与京都清水烧匠人合作，让锡器"穿上"瓷器外衣；请京都藤编匠人编织酒器和茶壶把手的藤条；与澳大利亚设计师马克·纽森合作，制作名为"京都"且造型源自日本高级武士铠甲的极简风香槟冰桶。这家 180 岁的老铺，产品却大多是近 20 年来的新作，甚至每周都会推出一件试制品，由山中决定是否投入市场。

"所谓专业人士，就是只做被需要的产品，不做自己想做的产品。我们制作的锡器，不仅是传统工艺品和供奉神灵的神器，更是普通人用起来很顺手的日常生活用品。"山中十分看重一件锡器是否有用。

因为父亲身体状况不好，山中源兵卫自 23 岁起接手清课堂，如今已有 25 个春秋，清课堂的锡师也从过去父亲一人发展到如今十人。"我不担心传承，不一定要传给我的孩子，只要有血缘关系就行，下一代掌门人，才能、思想、审美缺一不可。"但他也从未设想过退休后去做自己喜欢的事情，"我对锡器有责任感，在经营清课堂这件事上没有过纠结。"

特别限定商品：银香炉"三足之蛙"

匠人

山中源兵卫

48 岁，清课堂七代目

"日本有很多做烧制器皿的，做金属的人少。
我喜欢金属，它有无限的可能。"

有些美的东西，一件就够了

K=《京都好物》   Y= 山中源兵卫

K：做酒器的人一定懂酒、爱酒吧？

Y：是的，除了清酒，我也很爱喝中国的白酒，我喜欢茅台，可惜只喝过一次。

K：跟陶器相比，锡器酒杯使用起来有什么不同？

Y：主要有三点不同。首先是外观，锡器有银色光泽，很纯净；其次是接触到嘴唇
的感觉，它的导热性很好；第三是锡器本身特有的金属味道，喝起酒来有淡淡的
甜味。

K：怎样判断一件锡器的品质？

Y：我的眼睛看到觉得好的就是好，把酒倒进杯子里看酒的颜色，感受碰到嘴唇的触感。

K：那么作为对锡器不太了解的普通顾客，如果他想要买一件，在店铺里也没法倒
酒试用，怎么从外观判断呢？比如说形状是否规整，纹路是否均匀？

Y：(把两只酒杯放到我手里。这两只酒杯大小一样，造型类似，右手的杯子有底座，
左手的没有。)你觉得哪只好？

K：左手这只。

Y：(当即拿走我右手里的酒杯)那么左手这只就是好的。

K：我喜欢的就是好的吗？就这么简单？

Y：在我看来，没有完美的东西，只要自己喜欢就好，捧在手里的感觉最重要。

K：您平日里怎么寻找创作锡器作品的灵感？

Y：没有什么很具体的灵感来源。如果非要说，大概是京都山里的风景吧，早上起
来，看见河面的粼粼波光，就像锡器表面的目纹一样。

K：您创作的花器非常美，但很多作品只做一件，现在都没法买到了。为什么不多
做几件？

Y：有些美的东西，一件就够了。

K：在不断变化来适应现代生活习惯的同时，有没有什么原则是您一定要坚持的？
我去年采访漆器老铺象彦的当家西村和香小姐时，她曾说象彦绝对不会做可以放
进微波炉的树脂漆器，因为树脂材料不必人手打磨到透光，无法真正体现漆器的
品质，没有こだわり(追求)。清课堂的追求是什么？

Y：追求美、好用、简洁，这是清课堂的工艺核心。日本的花鸟图案非常流行，但
清课堂的产品极少出现，花哨的东西很容易骗人。

K：清课堂屹立至今有什么秘诀？
Y：運命です(命运的安排)。

制作步骤

1. 倒模成形或修剪锡片焊接成形。

2. 细加工造型。

3. 打磨抛光或锤打锤目纹（最难）。

······

选购锦囊

1. 看造型是否匀称美观、纹路是否齐整。

2. 一见钟情、手感舒服的最好。

3. 每件产品的现货数量都不多，花器尤其稀少，看上了就不要犹豫。

1.	2.	
3.	4.	8.
5.	6.	
7.		

右图 1- 图 5：匠人用工具巧妙敲打锡器，使原本光洁的表面生出细腻的纹理

右图 6- 图 8：对锡器造型进行加工

◇ **009**

◇ **011**

◇ **010**

◇ **012**

009　**有底座酒杯**

80 毫升　5400 日元

这是清课堂最受欢迎的酒杯之一，尺寸经过改良后，符合现代人大口喝清酒的习惯。有石目、杉目、丸锤目三种，另有无底座款，价格为 6200 日元 / 只。

010　**Sukuu 系列清酒杯**

小号 35 毫升，10000 日元 / 中号 100 毫升，11000 日元 / 大号 60 毫升，13000 日元

形状圆润可爱，双手捧着有掌心宝贝的感觉。底部三脚造型的灵感来自中国古代青铜器，将青铜器的细长足变成短圆脚，与酒杯主体形状更般配。

011　**Kokonoe 高脚杯**

小号 210 毫升，20000 日元 / 大号 400 毫升，25000 日元

造型灵感来自神社神器"九重"，名字也含深意。在和歌中常用 kokonoe(ここのえ) 代指京都，"ここのえ"有重重叠叠之意（即"九重"），而古都长年累月累积下来的东西就成了传统。适宜饮用红酒、鸡尾酒等。

012　**石目丸皿**

小号直径 90 毫米，3100 日元 / 中号直径 105 毫米，3400 日元 / 大号直径 120 毫米，4500 日元

锡器清冷，盛放夏天的甜品时与其温度接近，能最大程度保证甜品的口感，而如果是用瓷器，还得提前放进冰箱冷藏。

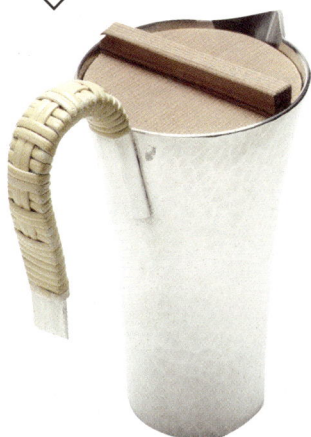

013　杉木盖锤目汤婆

280 毫升　31000 日元

中国古代人会用锡器水壶装满热水，放在被窝里保温，俗称"汤婆"。这个温酒壶以"汤婆"命名，取其保温之意，很有历史渊源。杉木盖能够增强保温效果，京都藤编匠人手作的藤编把手兼顾美感和手感。

014　筷子架

1800 日元

锡有净化和抗菌功能，虽然因为较软，不能用于制作勺子和筷子，但制作筷子架却很合适。银白色也能给人一种洁净感。筷子架的造型模仿木头，中间凹陷的弧度能让筷子放得很稳。

015　花器·澪

小号高 75 毫米，7000 日元 / 中号高 95 毫米，9000 日元 / 大号高 110 毫米，13000 日元

纤细锤目纹模拟了船只驶过后的水面波纹和泡沫，简洁造型能与所有花枝搭配而不抢风头。夏天使用有清凉感，冬天使用则有凛然气息。

016　银香立·玻璃之池

12000 日元

如一片枫叶漂浮在水面上，带来季节变迁之感。看似轻盈剔透实则很沉稳，既适合放在玄关和室内，又适合用于户外。

好物 - 03

荒川尚也：他的玻璃，看得见京都山水的灵魂

撰文 ◎ **骆仪**　图片 ◎ **骆仪**

隐居丹波山间，荒川尚也手作全透明无色的玻璃器皿，将气泡、缺口等"瑕疵"变成美。

好物

宙吹玻璃

不使用模具，完全依靠吹气和玻璃自身重
力成形，再经手工打磨造型，每只成品都
带有手作痕迹。

. . . .

名铺

晴耕社ガラス工坊

Seikosha Glass Studio

地址：京都府船井郡京丹波町中山东野
26　电话：0771-84-1977（上门前须预约）
官网：www.seikosha-glass.com

京都代销店

Gallery NISHIKAWA

地址：京都市中京区河原町通四条上盐屋
町 332 Maronie 大楼 2 层　电话：075-
212-3153　营业时间：12:00—19:00（周
一休息）官网：gallery-nsk.jugem.jp

Gallery SUGATA（然花抄院内）

地址：京都市中京区室町通二条下儿蛸药
师町 271-1　电话：075-253-0112　营业
时间：11:00—19:00（每月第二、第四个
周一休息，若周一为节假日则延至周二休
息）官网：www.su-ga-ta.jp

. . . .

产品亮点

1. 宙吹成形，每一只都独一无二。

2. 透明无色，晶莹剔透，突显玻璃本身的
质感，在自然光线或灯光照射下散发迷人
光芒。

3. 在玻璃中加入气泡，形成千变万化的
纹路。

从京都乘山阴本线往西，过了保津峡，就是一派山村风貌了。在下山站下车后，荒川真理子女士开车载着我们在安静的乡间行进，过了一座桥，来到一栋两层小楼前。环绕的远山已经被秋意染黄，脚下的草地仍绿意盎然，这一带仅有的人烟，就是荒川夫妇的家和旁边的工坊。

. . .

❖　"长"在大自然中的玻璃

从进门到客厅的几步路，我走得很"艰难"，因为从玄关开始，目之所及都是荒川尚也先生的玻璃作品，让人忍不住驻足凝视。那朵金属基座上高高飘着的玻璃云并不只是摆设，荒川拧上发条，齿轮开始转动，带动"云"在空气中上下移动，"当——"沉稳悠扬的钟声令我想起京都的寺庙。虽然荒川选择隐居在京丹波町的大山里，但他毕竟是在永观堂附近长大的京都人呢。

客厅里有个四面都是玻璃窗的角落，琳琅满目的玻璃作品摆在窗边，被秋日午后的阳光照得通透，外面的绿树映衬着，仿佛这些晶莹剔透、形状各异的玻璃也是长在大自然阳光空气中的植物。荒川掀开一个玻璃盖子，露出玻璃碗里养着的一丛青苔，圆圆的，像一只毛茸茸的绿球藻，太可爱了！荒川说，不用浇水或喷雾，只要把盖子盖上，碗里湿润的空气和穿透玻璃的阳光就足以让青苔生长，"要是浇水它长得太快，长大了就不卡哇伊（kawaii，日语可爱之意）了。"

仓库才是更让人疯狂的地方。几百只无色透明的玻璃杯，细看每一只都不一样，形状、大小、杯缘的缺口、玻璃表面的叶脉褶皱、玻璃里的气泡纹路……在玻璃世界中，气泡原本代表着次品，但在荒川手下则成了流动的纹路。就是这些千变万化的气泡，让我一眼爱上了荒川的作品，念念不忘，寻到山里来。

在洒满阳光的客厅里，在原木长桌边，荒川从他在北海道学艺

的青葱岁月说起，一直聊到日落天黑。真理子给我们上茶，茶杯是一只磨砂玻璃杯，透出温润的茶色。

. . .

❖ 收集天妇罗油来烧玻璃

正因为是京都人，中学时代的荒川反而对古老的东西不感冒，他想去看看京都人眼里"什么都没有"的北海道。他向往那里壮阔的自然风景，另一方面也是因为自己喜欢欧美音乐，而北海道更为西洋化。荒川在北海道读大学时接触了很多外国留学生，发现他们很热爱日本传统，跟他们交流多了，他才慢慢地意识到，京都的寺庙、神社、匠人等传统的东西，其实是一直存在于自己心底的。

毕业时，他想要凭自己的智慧和双手做点小事情，做日常能用的东西。"我对烧制很感兴趣，但京都乃至整个日本的陶器匠人已经很多了，我想做些很少有人做的。"荒川说，虽然现在小樽玻璃很有名，但30年前的小樽只有一家传统工坊，做金鱼缸、煤油灯等用品。

在北海道当了三年学徒，掌握了吹制玻璃的基本技术后，荒川回到京都，和高中同学真理子安家在京丹波町的山里，造房子、挖水井、建工坊，白手起家。"玻璃熔炉里的燃油哪儿来的你能猜到吗？天妇罗餐厅。"燃油是餐厅炸天妇罗后倒掉的废油，燃油箱由旧浴缸改造而成，管道、工具等都是荒川四处收集废品改造或自制的。他甚至自己做了一个集成器来控制熔炉的火候和温度，而熔炉产生的余热又能导到住宅供暖。跟我介绍这套复杂的系统时，荒川眼里闪烁着光芒。或许在世人眼里，他是一名玻璃艺术家，但在自己的工坊里，他只是一个热爱且擅长用双手做东西的男人。

. . .

玻璃砚滴

❖ **失败很多次，全靠老婆养**

在丹波安家后，荒川满脑子想着玻璃做什么造型、怎么吹气、用什么材料，"成天很忙碌，完全没考虑有没有人买的问题，做出来再说"。再说，他讨厌商场里卖的那些玻璃制品，不想把自己的作品拿到那些地方去。两人的生活和做玻璃的费用，全靠真理子的工作收入支撑。

当时北海道流行有色玻璃，欧美流行纯透明玻璃，荒川都不喜欢，他想做一个新品种。一开始没想着气泡，只想做出玻璃的质感，琢磨着往玻璃原料里加什么东西，失败过很多次。"做没有先例的东西，失败很正常。"

直到有一天，两人生活拮据到连燃油都快买不起了，真理子听说京都的商店在做新年促销，就跟荒川说要不拿几只杯子去问问看。正巧店里有一位顾客是在东京经营画廊的，想找些不一样的东西，就买了下来。随后有两家京都的店开始代销荒川的作品，有客人买了，别人问在哪里买的，就这样口口相传。这些年来荒川从来不做直销，但订单也没有断过。说到底，还是因为他坚持做跟前人不同的玻璃，形成独特风格，作品才能让人眼前一亮。

"那时候为什么对荒川先生这么有信心，能一直支持他呢？"我问真理子。"是不是因为我长得帅？"荒川抢先回答，真理子温柔地笑着不说话。

. . .

❖ **光学吹气就要三年**

亲眼看到荒川做玻璃的过程，让我有些目不暇接。

他取出一根长管伸进燃烧的熔窑，蘸取出一团玻璃液，一边在空中舞动长管，一边从管的另一头吹气，把玻璃液吹成空心玻璃球。此时玻璃球还是软的，必须不断旋转，才能阻止它受地心引力影响而下坠走形。荒川把长管放到架子上，左手持续转动长管，右手迅速向玻璃球上喷一次水，再把玻璃球送进熔窑覆盖第二层玻璃液，这样，在玻璃球上留下的水珠就会被封存起来。他重复旋转和吹气的动作，再用隔热布、钳子等工具打磨造型。玻璃球在他手下就如同一团橡皮泥，任由他随意揉捏，只是"橡皮泥"冷却变硬的速度很快，所有动作必须一气呵成。

玻璃成形有形吹和宙吹两种方法：形吹顾名思义，是将玻璃熔液倒入模具，待其冷却成形，而荒川用的是宙吹，即完全依靠吹气和玻璃自身重力成形，成品的形状依然接近完美。用宙吹法做玻璃，对匠人的技术要求很高，一般人要练习三年才能学会。

"失败了。"荒川把长管上的玻璃球敲掉，"没吹均匀，歪了。"荒川已经做了近四十年玻璃，依然会有失手的时候。

杯子底座打磨等收尾工作交给徒弟，但玻璃成形的全过程都由荒川自己完成，可以说，家中和仓库里的所有作品都是他独力制作的。徒弟学会宙吹后就会自立门户，荒川并不在意徒弟们是否模仿自己的风格。"我最想做别人没有做过的、现在没有的作品，至于别人是不是模仿我并不重要。或许模仿我的人多了，让这样的玻璃流行起来，满足了顾客的需求，那也是好事。"

荒川家背后就是美丽的山峦

匠人

荒川尚也

1953 年出生于京都，1978 年毕业于北海道大学农学部，之后在札幌学习玻璃吹制技术。1981 年在京丹波町建立玻璃工坊至今。曾多次举办个人作品展。

玻璃就像水一样

K=《京都好物》   A= 荒川尚也

K：您为什么喜欢手作？

A：拿书法来打比方，同样的字，写法不同、使用的笔不同、写的人心情不同，呈现出来的字也不同。自己做东西很有趣，每个物品都不同，能让人感受到事物本身的区别。就像这张木头桌子，木材的纹路能反映出树木的变化，它生长的过程、经历的风雨以及气候的变化。工业化玻璃仅仅关注形状，形吹很容易控制玻璃的形状，但没法控制玻璃的质感。我更关注玻璃的质感，就像木头有纹理、金属有光泽一样。

K：您的很多作品里有气泡、酒杯边缘有缺口，这些通常来说属于玻璃制品的瑕疵，但您为它们赋予了独特的美感。制造气泡和缺口的想法是怎么来的呢？

A：日本传统器物也不平，就像陶器和铁器，体现了源自土地的质感。但玻璃是完全透明的，没法体现跟土地的关系，所以我加进气泡，在杯缘做缺口。这正如一个小孩子的成长过程，小时候总是可爱的，人到中年就无法再可爱了，一开始做职人就像小孩子学走路一样，学会做标准、完美的玻璃，但如果一直这样完美下去没法成长，所以我会寻找新的美。木头桌子有纹路，那么玻璃呢？我用气泡来表现玻璃的质感。

K：用您的方式来制作玻璃，最难的是哪个步骤？

A：宙吹。如果气息没控制好，会造成玻璃密度不均匀；如果不及时转动长管，玻璃球就会走形。吹之前就要想好做成什么样子，成品的厚薄、大小、形状是什么，由此决定蘸取玻璃液的多少和软硬，以及吹的力度。另外要根据成品的大小选择不同长度的空心管，才能达到重力平衡。加气泡就更难了，如果玻璃球吹不好，气泡也做不好。

K：您最受欢迎的作品是哪几件？

A：第一代水杯仍然在做，也有些不再做了，因为我不想重复自己，不会因为卖得好就多做一些。中国的顾客比较喜欢买酒杯和茶杯。有些客人会指定尺寸，我可以满足他的要求，但如果他要求小尺寸，我做的时候觉得大尺寸更好看，就还是会做成大的。所以，比起接订单，我更喜欢自己先做好了让客人来选购，这样没有那么多束缚。我不接量产订单，有不少请求都拒绝了，因为不想每天做一样的东西，这样很无趣。

K：自己最爱的作品呢？

A：有很多，有时候完成订单后会为自己烧一件。我享受做的过程，做一百件还是做一件都一样开心。有时候花两个小时做只酒杯，有时候花一整天完成一件作品，不同的感觉，我觉得都很好玩。

K：将来会做什么不一样的作品吗？

A：会尝试做一些更厚的作品，比如说寿司料理台、茶壶等，因为要装热茶，需要玻璃能承受更高的温度，这也是新的尝试。

K：为什么选择住在荒无人烟的大山里？

A：如果住在城市里，看到别人的作品，势必会有暗暗比较的心态。而住在大山里，我只需要看作品能否与自然融合。我喜欢钱买不到的东西，只有住在这里才能做出来。工业化的东西，只需要做不同的颜色，在什么环境中做出来都是一个样，那是一种垃圾。我的作品是透明的，摆在自然里，感受得到山和水的灵魂。

K：玻璃对您来说意味着什么？

A：玻璃就像水一样，水可以是瀑布，可以是河流，可以是云，呈现出不同的形态，我希望自己的作品也可以有不同的质感。玻璃的质感，材质只能决定 50%，还有 50% 取决于周围的光线，这就是玻璃独特的地方。

右图：云的装置，是荒川结合废弃的机械制作的，转动发条，玻璃云朵便会上下移动

下图：架子上的玻璃杯每一只都独一无二，真想全部都拥有

紊乱中生出震荡涟漪，
玻璃从此有了表情。
玻璃的表情与自然光的摇曳协调同步了，
人心也随之而动。

——荒川尚也

制作步骤

1. 在熔窑里烧熔玻璃液。

2. 取长管伸进熔窑蘸取玻璃液。

3. 通过长管向玻璃液吹气，同时在空中转动长管，吹出中空玻璃球。

4. 向玻璃球表面喷水珠，再度深入熔窑蘸取玻璃液，从而将气泡封存在玻璃中（如不制作气泡则省略该步骤）。

5. 通过隔热布、钳子等各种工具打磨造型。

6. 放进冰柜冷却。

7. 打磨玻璃底座，刻上签名。

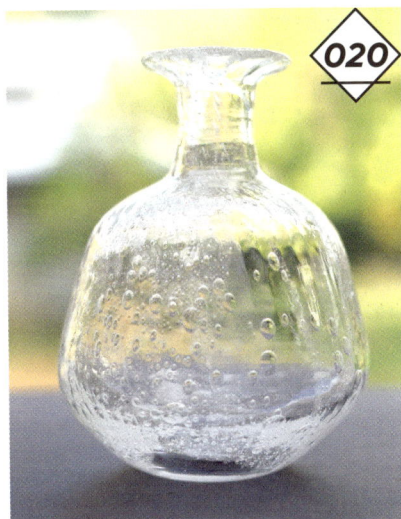

017 水杯

2600 日元

荒川的第一代玻璃杯了，造型简洁，表面
曲线优美柔和，握起来十分顺手，是经
得起时间考验的经典款。

018 香水瓶

12000 日元

没见过比这更空灵的香水瓶了，造型简
洁，晶莹剔透，玻璃中的气泡意味着水
和空气，这也正是令香水散发魅力的
元素。

019 茧形盖物

3600 日元起（价格根据尺寸变化）

器皿小巧可爱，表面的细密线条宛如
自然汇聚成线的雨滴，"雨滴"有粗有
细，甚至有"断线"，凝神注视，仿佛
看见了雨帘，听见沙沙的雨声。（含配
套盖子。）

020 型德利·酒瓶

5500 日元

酒瓶中的气泡突显了瓶中酒液的质感，
让人很想马上就喝一杯。既是酒瓶，也
可以当作花瓶。

好物 - 04

公长斋小菅：柔韧莫过竹，万变不离宗

撰文 ◎ **小绿**　　图片 ◎ **公长斋小菅**

从日常使用的竹筷到出尘脱俗的花器，公长斋小菅都用心制作，完美体现了竹器的特质。

好物

竹器

自中国传入日本后，竹器便成为日本人的
生活必备品。竹材质地坚韧，重量轻，防
潮抗菌性好，还会随年限增加呈现出更加
深沉的色泽，是日常餐具、花器、家用小
物的最佳原料之一。

· · · · · · ·

名铺

公长斋小菅

店铺名称为纪念小菅家六代目——江户时
代大户纪州德川家的御用画师公长。自
1898 年创立后，公长斋小菅成为日本宫内
厅及各宫家的竹器制造商，商品多次参加
世博会。

地址：京都市中京区三条通河原町东入
儿中岛町 74 京都皇家花园酒店 1 层　电
话：075-221-8687　营业时间：10:00—
20:00 官网：www.kohchosai.co.jp

· · · · · · ·

产品亮点

1. 最细的筷尖仅有 1 毫米粗，两根筷尖可
以完美贴合，使用方便。

2. 花器造型纤细高雅，提升了传统竹器
的质感。

若提到日本人，可能许多人会想到"认真执着""内心纤细"
之类的形容词。这些十分感性的特质若是融入日常之中，则是
对生活用品的精益求精。公长斋小菅就坚持通过竹子坚守日本
人的认真与纤细。一双竹筷，一方花器，默不作声摆在那里，
却立刻能令人察觉到工匠们花费的时间与心思，每个细节都是
极美。

走进公长斋小菅的店铺，能立刻在空气中嗅到一丝竹子的清香。
或许因为人类的基因中天然携带着对自然的渴慕吧，这种若有
似无的香气能够让人放松。环顾店内，几乎每件商品都呈现出
与竹子完全不同的造型。竹子的枝干被截断打磨、编织成新的
形状，却丝毫不减它们身上时间的痕迹。竹材质地坚韧，重量轻，
防潮抗菌性好，还会随年限增加呈现出更加深沉的色泽，是很
多人家中都会使用的东西。

我拿起一双竹筷慢慢摩挲，它们既不会像金属一样初握冰冷，
也不会与人体温热的皮肤过度黏腻，当你用心感受一件竹器特
有的质感时，或许就是在无意识地想念一片幽幽竹林。

· · ·

❖　善用有"缺点"的竹材

早在绳文、弥生时代，竹制品已由中国传入日本。在那之后，
竹子被应用在茶道与花道之中，成为艺术的素材。日本人总是
对竹制品青睐有加，《竹取物语》[1]中，辉夜姬便是从竹中出现。

不过说到具体制作，竹工艺并不神秘。为满足上至达官贵人、
下至普通百姓，高雅如花器、日常如筷子的千百种需求，匠人
将破竹、去节、编织、锁口等步骤都研究得非常透彻，从古至
今传承多年。那么公长斋小菅在众多竹器制造商中脱颖而出，
创业后即成为日本宫内厅和各官家的御用竹器制
造商，并能多次参加世博会的成功秘密是什么
呢？这似乎很难回答，但公长斋小菅的执行董事

[1]《竹取物语》
创作于 10 世纪
初，是日本著名
古典小说。

左图：竹器编织

更多好物

竹之店 龟山·挖耳勺

位于二年坂的龟山（Kameyama）竹器店已经有 100 多年的历史，创业者龟山古竹斋是京都有名的竹器匠人，店内的人气商品挖耳勺也已经有 50 多年的传承，小巧精致，适合自用也适合作为伴手礼。

地址：京都市东山区高台寺枡屋町 363

电话：075-541-0874　营业时间：10:30—17:30

小菅达之的回答只有轻描淡写两个字：用心。

竹材料虽然有坚韧、抗菌等诸多优点，但其缺点也是显而易见的：竹子本身呈圆筒形，天然带有弧度，难以做平面处理；竹子有竹节，且经常长出斑点，竹节处的纹理和斑点会影响整条纤维的品相。所以不同品相的竹子，适用于不同的作品，比起制作，拿到原料后的构思，反而是小菅达之强调的难点。

竹子的编织技法有六角编、十字编、螺旋编、绞丝编等，虽都是传统的技法，但要想做得好，每一根竹条的粗细厚薄都要考虑，竹条与竹条编织后既要紧密又要平整均匀，这都是需要工匠用心的。"可能不会竹编的人会觉得这有什么难，不就是编一下嘛，可是要想编得图案紧致又漂亮绝非易事。不，与其说难，不如说这是需要用心的工作，要细致，要耐心。"小菅达之这样告诉我。

. . .

❖　**看似简洁随意，实则大费工夫**

随后，小菅达之向我介绍起在店里显眼位置摆放着的"唐物宗全"。这是借鉴了传统宗全笼的造型，看似简单实则复杂的花器作品。宗全笼自江户时代起便出现在茶席之中，底面为长方形，开口为收窄的圆形，附有一个短短的圆弧形手柄。然而，公长斋小菅的先祖们用了很长的时间改良造型，原本的竹色上了深色漆料，更显高贵；底部更加窄长，开口也成为长方形，与底座的方正感相呼应；手柄更是从比较笨重的短圆弧变为十分纤细的竖长方形，在传统中融入了现代的简约感。"这种改变看似简单，但在实际的操作中，每一丁点颜色、整体造型、线条粗细的改变，都是花了大功夫一点点调整试验出来的。"

费尽心思改良一个花器，用心调整每一处细节，这就是公长斋小菅的艺术哲学。

竹编花篮

右图：唐物 宗全

即使不说花器，挑一双最日常的筷子，其中也大有奥秘。日本素来讲究"食先一寸"，即只用长约 3 厘米的筷尖夹取食物，因此，筷尖的工艺决定了整根筷子的档次。公长斋小菅的竹筷使用竹板积层材料，匠人们熟练地将竹板加工成薄薄的 1 厘米厚，最细的筷尖仅有 1 毫米粗，两根筷尖可以完美贴合，十分方便。匠人会在筷子表面反复涂抹漆料，这样不仅保证了筷子可以长年使用，还突出了竹子本身的质感。一位店员说，公长家最经典的 Miyako 彩色竹筷，她已经使用了十年。

线条并不规整的竹花篮看似是随意编织而成，实际上是先用最基础的六角编织法编成坚固的框架，之后再在线条间插入竹捻的绳子，突破规则呈现出变化的美感。如何在已经牢固拼插的竹片间插入竹绳，是考验工匠技巧的难点。

. . .

❖　从竹筷到花器，不变的是对自然的眷恋

作为名声在外的老铺，公长斋小菅的历史可谓显赫，小菅家六代目公长是纪州德川家的御用画师，被准许苗字带刀[1]，拥有阴葵家纹。为了纪念祖上，后人于 1898 年创立店铺时，便取了这个名字。创业后，公长斋小菅的竹器成为宫内厅及各宫家的御用品，1904年还荣获美国圣路易斯世博会大奖，之后又多次参加世博会。可以说，公长斋小菅的一切都与竹子密不可分。

[1]"苗字"即中文"姓氏"的意思，意指拥有姓名权。苗字带刀是江户时代武士的特权，是身份地位的象征。

"二战"后，关东大震灾又为日本蒙上阴影，那时的经营者决定将店铺迁到京都，因为古都与竹子高雅清秀的外形最是相衬。从那时起，公长斋小菅开始设计花器，"这是发展竹工艺的最佳选择"，其主要客户遍布茶道、花道各流派。当然，公长斋小菅也没有忘记竹器最日常的功能，并且巧妙地将竹子的制约变为优势：勺子可以利用竹子的天然弧度，不需要特意加工；

竹节能做成碗或杯子，连接处紧密独特，也不会造成浪费。

后来，公长斋小菅意识到在现代社会里品牌形象尤为重要，他们开始与国内外品牌合作，试图在世界中寻找到竹工艺的一席之地。与日本皇室御用皮鞋品牌大冢制靴合作的皮鞋，低调精致；与意大利皮革品牌合作推出的钱包、名片夹等，个性十足；最有名的当属与三宅一生合作的竹编手袋，皮革的柔软与细竹的坚韧巧妙融合，成为当年的流行品。人们突然发现，原来传统东方的竹，不仅是接地气的日常用品，不仅是出尘脱俗的花道道具，还可以成为 21 世纪的潮流。

2011 年，京都本店开始营业，经营者试图打造一个有别于百货店柜台的展示场所，在这里，每件作品都如同画廊艺术品一般，被郑重地分类摆放，配以考究的灯光。竹子的肌理与光泽被完美地展现出来，竹器投下的纤影又为竹器本身增添了几分美感。"竹子是大自然的馈赠，竹子做的东西，总让人有种亲切的感觉。我们会一直做竹子，传承竹工艺。不论是作为花器摆放在房间里，还是像筷子一样每天使用，希望我们的客人在看到竹器或触碰到竹器时，能感受到那种亲切，感受到自然的魅力。"苏轼说"宁可食无肉，不可居无竹"，不管你是爱竹器的天然质感，还是对竹子和竹林有情结，只要有了竹器，家就有了温度。

大冢制靴 × 公长斋小菅合作款皮鞋（公长斋小菅暂无售卖）

竹编名片夹

走进公长斋小菅店内便能闻到淡淡的竹香

制作步骤（勺子）

1. 雕刻出勺子的大致形状。

2. 切去边缘。

3. 准备。

4. 处理勺底。

5. 处理勺边。

6. 处理勺柄。

7. 打磨抛光。

. . . .

选购锦囊

1. 根据装修风格选择最适合的花器或其他用品。

2. 注意编织处是否紧密平整。

3. 竹器最好的保养方法是经常使用、经常清洁，竹器会随着使用年限的增加呈现出更好的光泽。

4. 竹器要远离高温，当房间太过干燥时，可在其近处放置清水，防止竹器干燥开裂。

1. 2.
3. 4.
5. 6.
7.

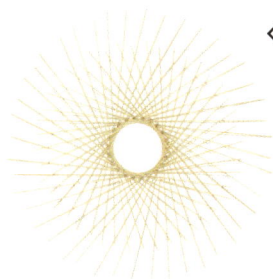

021

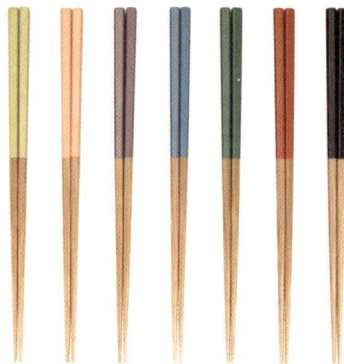

022

023

024

---

021 轮弧（小）

3000 日元

将通常作为竹篮底部的轮弧独具匠心地
做成装饰品，直径约 50 厘米，线条优
雅简洁，呈放射状，如同白竹做成的太
阳，适合挂在起居室、玄关等处的墙上
作为装饰物。

022 Miyako 竹筷

800 日元／双

公长斋小菅的经典商品之一，充分利用
竹子的特点，将筷尖修细，便于夹取食
物。共 7 种颜色，22.5 厘米的筷身长
短适中，十分适合全家人使用。

023 长款二折钱包

50000 日元

精选上等牛皮与用"网代"法编织而成
的竹面，由百年老铺的熟练职人手工缝
合而成。竹片表面涂漆，突出素材的天
然感。钱包内部有多个卡槽，还配有拉
链零钱包，实用性强。除红色外还有藏
蓝与烟灰配色。

024 Kusu 玉花器

3500 日元

白竹的纤细与韧性，玻璃的清脆与明澈，
结合在一起就成了完美的花器。

好物 - 05

京友禅与西阵织：技与美的极致

撰文 ◎ 小绿   图片 ◎ 千总、冈重、骆仪

这两种源自京都的技法不仅在数百年间制造了许多华美如艺术品的和服，更在创新中融入现代生活。

京友禅名铺

千总

创立于 1555 年，本为寺院等制作法衣，友禅染工艺问世之后开始制作京友禅制品。后开发天鹅绒友禅、利用化学染料染色的"写友禅"等工艺，长期作为宫内御用品，曾参加世博会等。现在，除了子品牌"总屋"专门定制传统的京友禅和服外，千总还在总部二层开设了店铺"SOHYA TAS"，开发利用京友禅工艺与纹样的披肩新品牌"CHISO STOLE"，使得京友禅不仅是昂贵的艺术品，更能够活跃于现代人的日常生活中，从而继续传承。

千总 SOHYA TAS

地址：京都市中京区三条通乌丸西入御仓町 80 千总大楼 2 层　电话：075-221-3133　营业时间：10:00—18:00 官网：www.chiso.co.jp

冈重

除了千总外，还有一家京友禅老铺冈重不可忽略。冈重创立于 1855 年，擅长精致的手描友禅。冈重可谓是将京友禅从和服扩展到其他领域的先锋，20 世纪 90 年代即开始利用友禅染技法开发绢制首饰等商品。

冈重营业所

地址：京都市中京区乌丸通蛸药师下儿手洗水町 647 TOKIWA 大楼 3 层　电话：075-221-3502　营业时间：9:00—17:30 官网：www.okaju.com

左图：千总设计的振袖"优雅光橘"与"彩辉丽日"

人们对京都的印象大抵离不了优雅神秘的艺伎和精致华美的和服。一袭和服，包括了京都两大重要的传统工艺——京友禅与西阵织。衣为京友禅，带为西阵织，似乎已经成为千百年不变的搭配。川端康成的名作《古都》，就围绕和服店与西阵织店两家年轻人的儿女情长展开。

京友禅与西阵织是两种不同的工艺。京友禅是"染物"，即在白布上描绘各种颜色与图案，这种先织布后染色的方式被称为"后染"；西阵织则是"织物"，采用"先染"的方式，即将丝线染色，再通过不同的编织技法，制成带有不同花纹图案的布匹。

和服虽美，却离现代日本人的生活越来越远，对于中国游客来说更是穿上体验体验就好，买回家则不实用。但其实，日本匠人和厂家也在思考如何让和服的元素及技法融入现代生活。

· · ·

❖　京友禅

友禅染源自京都，江户时代由著名扇绘师宫崎友禅斋创造。他大胆地将扇绘的技巧用于制作和服，图案绚烂而华贵，与当时的绞染、刺绣衣物观感极为不同，因而大受欢迎。其后，友禅染传至加贺地区，并由此发展出"京友禅"和"加贺友禅"两大流派。随着历史的发展，刺绣、彩金等工艺也被结合进友禅染中。

宫崎友禅斋所创的友禅染是直接在布料上绘制图案并染色，称为"手描友禅"。明治时期，广濑治助开发了型染技法，即按照友禅大师创作的花样，每种颜色刻一块型板，根据型板涂上色块后再印到布料上，又称"型友禅"。

· · ·

制作步骤

1. 在白绢上绘制出线条简洁的图案。

2. 置糊：用米浆、树胶等天然材料制成的防染剂描绘图案的轮廓。

3. 试色：在调色盘上不断调整颜色，找出搭配最和谐的颜色。

4. 涂染颜色，在第一个颜色染完晾干后再涂染第二个颜色，置糊时的防染剂形成白色的轮廓线，这是京友禅的特征之一。

5. 染色全部完成后将布面进行高温蒸洗，保证颜色牢固不变。

6. 友禅流水：在河中冲洗绢布（现在已经变为室内作业）。

7. 添加金彩或刺绣等完善细节。

1.	2.
3.	4.
5.	6.
7.	

西阵织名铺

西阵织会馆

对西阵织工艺感兴趣的人不妨前往西阵织会馆一探究竟。这里不仅有详细的史料展示和讲解帮你了解西阵织的图样与历史、和服腰带的系法等，还有和服秀与传统手工职人现场进行最传统的西阵织制作。体验课程能让你亲手操作织机，感受精细的西阵织工艺。馆内还有购物区，在这里可以尽情选购领带、手提包、装饰品等，将独具日本传统之美的西阵织带回家。

地址：京都市上京区堀川通今出川南入西侧　电话：075-451-9231　营业时间：3月至10月为10:00—18:00；11月至次年2月为10:00—17:00（12月29日至次年1月3日休息）官网：nishijin.or.jp

KUSKA SHOP

地址：京都市中京区三条通乌丸东入梅忠町20-13层　电话：090-9320-8010　营业时间：13:00—20:00（周二、周三休息）官网：www.kuska.jp

制作步骤

1. 企划制纹工程：设计想要的图案效果。

2. 原料准备工程：准备纺织所需的各色丝线等材料。

3. 织机准备工程。

4. 纺织工程：利用西阵织丰富的染织技法，手工制作独一无二的织物。

5. 完成，处理细节。

❖ 西阵织

京都的纺织业大约始于公元8世纪桓武天皇迁都之时，宫廷在如今的上京区黑门上长者町附近建立了织部司，供应皇室所需的绫罗绸缎。平安时代后期，官营织布工坊衰落，职人在织部司东边的大舍人町附近集结，脱离宫廷控制，自由进行纺织作业。那时也从中国传入了一些先进的纺织技术，京都的个人纺织业得到迅速发展。应仁之乱[1]后，各地的针织匠人回到京都，纺织工艺重新焕发生机。因为职人们的聚集之所是从前西军的阵地，被称为"西阵"，西阵织由此得名。

【1】应仁之乱是指1467年到1477年间，日本室町幕府时代封建领主间的内乱。

因大火、迁都、战乱等诸多原因，大半织机曾遭焚毁，西阵织也一蹶不振，但它终究凭着引进新提花技术、复兴手工制作等手段重新成为日本颇具代表性的高档织物，古老的技艺如凤凰涅槃般重新出现在人们身边。除传统的和服腰带外，当代的西阵织还因图案多样、质感上佳等优点，被制成领带、披肩、装饰品等。

西阵织的染织技法有"锦""唐织""缀""箔""绍把""掬""䌷""纱罗""刺练""染"等十余种。其中，"锦"指用多种颜色的丝线织成锦织纹样的技法，在斜纹布料上用金银线织就纹样的被称为"线锦"，是日本现代锦的代表性技法；"唐织"指像刺绣一样，用各色丝线缝制出图案的技法，具有鲜明的立体感与厚重的韵味；"缀"则是一种只用纬线表现花纹的技法，因其复杂难做，熟练职人工作一天也不过能织成几厘米而已。

026

025

027

025　千总·迷你长丝巾·旋涡

8000 日元

抽象而简洁的旋涡图案是完美与圆满的象征；如梦似幻的蓝色与紫色可以随心所欲搭配衣物。超薄的丝巾冬可保温，夏可隔热，是旅行中必不可少的好物。

026　千总·CHISO 披肩·源氏香枫

18000 日元

独特的椭圆形真丝披肩，重量仅为 35克，图案为据《源氏物语》的记载而设计的香道、枫叶等雅致图案，由日本熟练职人手工印染而成。整条披肩淡雅而轻盈，无比适合春夏的清新氛围。

027　KUSKA·手织领带

15000 日元

由京都府与谢郡的公司 KUSKA 制作，从丝线染色到最后的编织全部是由职人手工完成。先染后织的特殊编织法使得领带的纤维中含有空气，成品轻柔，能避免给颈部带来压迫感。因为是纯手工制作，熟练职人一天只能做两到三条。领带在 KUSKA 店铺及 D&DEPARTMENT 京都店(见 138 页)有售。

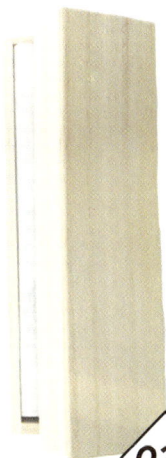

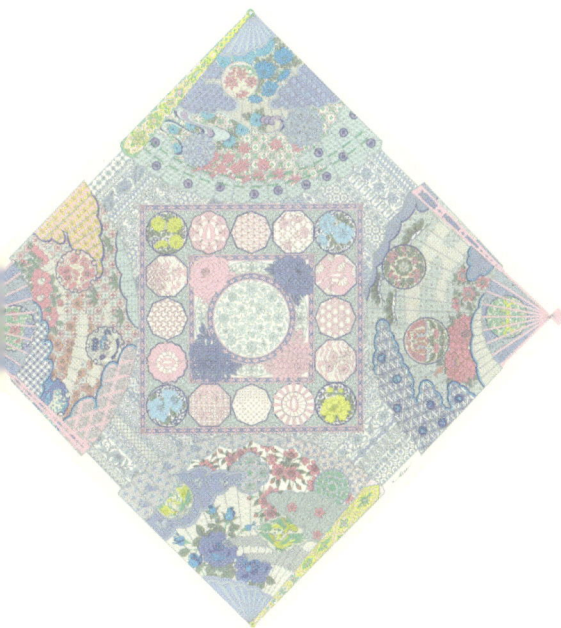

028　千总·CHISO 真丝方巾·扇

33000 日元

方巾四周是四幅日本传统扇面，描绘了樱、牡丹、菊、椿的图案，底部还细密地表现了雪轮、青海波等传统纹样。一条方巾几乎蕴含了日本所有代表性风物，和味十足。

029　冈重·唐样三昧·携带用涂漆笔

6800 日元

笔由涂漆职人手工描金，精致耐用；笔套为更纱材质，描绘有京友禅纹样，可以在书写中回味日式雅致。

030　冈重·唐样三昧·怀表

18000 日元

怀表是现代人不常用，甚至不常见的物品，不过，复古感十足的怀表也可能成为新时尚。江户时代流行的纹样被职人认真地描绘在怀表的更纱表壳上，能够让人立刻感受到几百年以前的氛围。

好物 - 06

鞋子：古典即新潮，老铺新思路

撰文 ◎ 小绿　　图片 ◎ Whole Love Kyoto、骆仪

如何把日本最传统的木屐改造为年轻人喜爱的产品？京都老铺和新品牌分别交出不同的答卷。

好物

HANAO Shoes

独具匠心地在普通小白鞋上增添了传统木屐的"鼻绪"绑带，既好看又个性十足，是传统手工与当代创意的完美结合。

・・・・・・

名铺

Whole Love Kyoto

诞生于古老京都的新品牌，致力于将在京都学习到的传统经验融入新世代流行。

地址（公司）：京都市左京区田中东高原町 40　电话：075-744-6152　官网：wholelovekyoto.jp

・・・・・・

产品亮点

1. 鼻绪采用日本传统纹样，复古范十足。

2. 不仅能搭配日式浴衣，还能搭配现代流行服饰。

❖ 当小白鞋"穿"上木屐

"每一天，想要制造唯有在京都才会发生的奇妙邂逅"，这就是 Whole Love Kyoto 的态度。

我们所处的新时代，年轻人接触的是社交媒体、人工智能，每天都拼尽全力，以求自己不被迅疾前进的时代甩在后面。这种"时代感"呈现出一片欣欣向荣之态，推着人快步向前，却也容易让人忘了那些千百年传承下来的古老技艺。然而许多技艺虽然古老却顽强，西阵织自 1548 年流传至今，鸠居堂传承着平安时代的香味……怀着对这些传统技艺的敬意，品牌 Whole Love Kyoto 诞生了。

Whole Love Kyoto 选择在京都制造自己的鞋子，不单因为京都处处洋溢着传统而文艺的气氛，也因为京都的每一处似乎都在诉说着"古典即新潮"的道理。向史而新，Whole Love Kyoto 从日本最传统的木屐中找到灵感，独具匠心地将木屐的鼻绪[1]与年轻人最爱的小白鞋结合起来，开发出"HANAO Shoes"。HANAO Shoes 上的鼻绪由皇室御用公司"菊之好"制作，图案往往是日本传统意象，如椿、樱、梅等，或是单色的日式朱红、金色等。此外，Whole Love Kyoto 还将鼻绪放到棒球帽上，开发了"HANAO Cap"系列，以及"HANAO Beach"沙滩人字拖系列等，由传统的鼻绪引领潮流。

【1】日语发音为"Hanao"，指木屐上的人字形绑带。

因为是纯手工制作，过程烦琐，HANAO Shoes 的生产量不大，除了官网订购外，HANAO Shoes 目前在 EDIFICE 销售，还会在 BEAMS JAPAN 新宿（东京）、藤井大丸商场（京都）等店铺限定时间销售（具体信息可留意官网）。一期一会的缘分，遇到的话千万不要错过。

. . .

左图：小白鞋配上木屐的鼻绪后显得更加活泼

好物

JOJO 人字拖

百年制鞋老铺的新思路，借鉴传统木屐造型，利用防水材料手工制作而成，克服了传统木屐不防水的缺点。

・・・・・・

名铺

祇园内藤（祇园ない藤）

1875 年开始制作木屐，是京都知名的木屐老铺，近年来开发出 JOJO 人字拖。

地址：京都市祇园绳手四条下　电话：0075-541-7110　营业时间：10:30—18:00　官网：gion-naitou.com

・・・・・・

产品亮点

1. 借鉴传统日式木屐，采用新材料手工制作而成。

2. 穿着舒适，防水性佳。

❖　没有比这更舒服的人字拖了

与 HANAO Shoes 这种在传统物品中寻找新思路的鞋子截然相反，JOJO 是百年老铺祇园内藤开发的全新产品。

祇园内藤制作木屐的历史可追溯至明治八年（1875 年），店铺于几十年后搬迁到现在的店址。町屋[1]屹立至今，木材在岁月洗礼中越发深沉，整座建筑已成为京都市的"历史意匠建造物"。临街店面里摆放着传统手工制木屐，或华丽或沉静，却都非常好看。现在的当家内藤诚治经常一边制作鞋子，一边接待客人。这种既负责制作，又直接与客人交谈、承接订单的形式被称为"职商人"。

[1] 町屋为日本传统的木结构连体式建筑，始于 17 世纪。

我到店里时，内藤正将鼻绪穿过木屐底部，拉紧打结，手法娴熟有力。他说，因为每个客人的脚大小宽窄各不相同，使用鞋子的场合也不同，要在详细测量后定制，鼻绪和脚垫布的花纹也需要定制，因此制作时长甚至要一两年。

与这些木屐造型迥异的就是 JOJO 了。我得到许可后进入 JOJO 的制作工坊参观。JOJO 也是纯手工制作，鞋底、鼻绪连接加固，步骤和制作木屐没有太大区别。不过，虽然留有一些木屐造型的痕迹，JOJO 的材料与鞋子整体的感觉都更加现代，穿起来非常舒服，既比薄底人字拖结实、有承托力，又比普通木屐柔软一些。此外，娇贵的木屐往往用皮革、织物甚至和纸制作脚垫布，最怕水，而 JOJO 则使用了防水材料，让穿者再也不用担心下雨天鞋子受潮，这是老铺在新时代面对新需求时努力做出的回应。JOJO 鞋也在 D&DEPARTMENT 京都店（见 138 页）贩卖，这种渠道无疑也是一种新尝试。

祇园内藤的上一代当家四代目内藤曾说过："鞋子是生花之器。"因为人的双足像植物根系一样，连接着身体与大地，因此一定要重视足部与保护足部的鞋子，这就是祇园内藤祖祖辈辈坚持的信念。

031

032

_031_   HANAO Shoes · 金

16800 日元

浅金色的鼻绪与小白鞋的搭配简洁大
方，能够轻松搭配各种着装风格。

_032_   JOJO Shoes · 红

23000 日元

红色的鞋子为全身增添一抹亮色，看似
随意实则充满手工职人的用心。

好物 - 07

一泽信三郎帆布：仅此一家，别无分号

撰文 ◎ Aki　　图片 ◎ Y. Kubota Studio BOW、窦霄

这家"帆布包中的 LV"在全球拥有无数粉丝，值得你专程前往京都选购。

好物

一泽信三郎帆布制品

一泽信三郎选取厚重耐用的上等帆布面料，在京都手工制成包袋、围裙等商品，满足人们日常多种需求。

. . . .

名铺

一泽信三郎

从 1905 年创立至今，一泽信三郎在 113 年间坚持不开设任何分店，不做任何分销渠道，高冷而固执。但别致耐用的产品、贴心细致的服务，总能让入店的客人心满意足地离开。

地址：京都市东山区东大路通古门前北
电话：075-541-0436 营业时间：9:00—18:00 官网：www.ichizawa.co.jp

产品亮点

1. 采用一泽限定的特制帆布、特制缝线与五金配件，经久耐用。

2. 染色牢固，防水效果好，品类丰富，覆盖生活的方方面面。

3. 每一只帆布包都可享受终身保修。

鞄

日语中"包"的汉字写作"鞄"，由明治时期东京一家皮包店自创，因此用了革字旁。一泽信三郎为突出自家帆布特色，创造了由"布"与"包"组成的汉字。

左图：别无分号的一泽信三郎，吸引了来自全世界的顾客

"你们的布包是全世界最贵的，因为我只能搭头等舱飞来这里买！"英国著名生活方式杂志《单片眼镜》（MONOCLE）的主编泰勒·布律莱曾在一泽信三郎帆布的店里这么"抱怨"过。然而，对于这家京都帆布包老铺来说，此番场景早已司空见惯。从 1905 年创立至今，坚持不开设任何分店，不做任何分销渠道，守着知恩院前一方天地，接待打着"飞的"、坐着火车、散着步来到店里一探的新老朋友，闻于世而安于室。"要买帆布包，来京都吧！"如此高冷固执，但别致耐用的产品、贴心细致的服务，总能让到店的客人心满意足地离开。那些看似抱怨的话反而成了客人和老铺之间的娇嗔与默契。

不仅是泰勒·布律莱，电影《迷失东京》的导演索菲亚·科波拉、香港媒体人梁文道、日本老牌演员角野卓造、漫画家北见健一等名人，还有上京区福聚山慈眼寺的住持、富川町的人气艺伎、东大路老牌牛奶店的老板等京都人物，都是一泽家的老友了。

. . .

❖ 百年家业，始于对缝纫机的好奇心

一泽信三郎帆布有"帆布包中的 LV"之称，其地位如此之高，离不开一泽家几代人的努力。

一泽信三郎帆布前身"一泽帆布"的创始人一泽喜兵卫喜好外来文化事物，在 1881 年的内国劝业博览会上对日本首批国产、数量极有限的缝纫机一见倾心，当场决定高价购入。但他在商业天赋上似乎稍逊一筹，缝纫机也只是用来缝制家用衣服和收纳用品，直到明治三十八年（1905 年）一泽帆布创立。

二代目一泽常次郎则更具实干家特质。那时，帆布多被用来制作船帆、帐篷等户外用品，日本人生活中常见的包还是风吕敷、巾着袋之类。自行车普及后，工匠们流行把印上自家店名的工具包挂在车把前，成为移动广告牌。明治末年，一泽常次郎开始制作职人用的帆布工具袋，更花重金引入美国知名品牌

更多好物

petit à petit 布制托特包

在老街寺町通一座拥有 150 多年历史的町屋里，藏着一间精致的布艺小店 petit à petit。它的两位创始人是插画家、平面设计师中村雪与图像处理师奥田正广。中村雪用拼贴画的方式创作了一系列她深爱的京都风物图案，由奥田以数码打印的形式将图案呈现在布品上。数码打印使图案色彩尤为鲜明，细节丰富。布品面料完成后，petit à petit 会全部交由京都各家老铺的职人手工制作，十分珍贵。

地址：京都市中京区寺町通夷川上儿藤木町 32　电话：075-746-5921　营业时间：10:00—19:00（元旦前后休息）　官网：petit-a-petit.jp

Singer Sewing 的最新款缝纫机。一泽家的工具包作为药店、牛奶店、酒屋的配送包很快传播开来，这让一泽帆布有了立业的产品原型和鲜明的时代标签。

三代目一泽信夫生长于战争年代，开始制作军用道具包、降落伞包、吊床等。"二战"后，日本国内掀起一阵登山热，一泽帆布的户外登山系列应运而生。他们还为京都多所大学的登山部、探险部提供定制品。当时人们说，如果一个人拥有一泽帆布的登山用品，十有八九是登山界的厉害角色。随着尼龙等化纤面料的兴起，帆布制的登山用品开始走下坡路。但同时，帆布包面料结实、使用便利的特性和独特的时尚感，反而让越来越多的年轻人产生了兴趣。一泽信夫数次前往海外旅行，思考帆布包年轻化、多元化的可能性。

1980 年，四代目一泽信三郎开始负责家族事业。"制作结实且美观好用的帆布包，让它被更广泛的人群日常使用"是他成为社长时立下的愿景。于是，面向男女老少不同生活需求的设计和新色提案、品类延展在公司内部热络讨论起来。20 年间，公司从一泽信三郎刚接手时的十余人小团队壮大到了七十多人，帆布制品也从几个经典的品类扩充到各式各样的手提包、单肩包、双肩包、小钱包、邮箱袋，甚至围裙、笔袋、盒子等各种小物，覆盖不同场景的各类使用需求。

被当作奢侈品的一泽信三郎帆布包

一泽下属三个品牌

然而，就在一泽帆布被越来越多人熟知时，2001 年，一泽信夫离世，家族内部陷入了遗产纷争。一泽信三郎集结起追随他的职人在 2006 年自立门户，创立一泽信三郎帆布，并推出了"信三郎帆布"和"信三郎布包"两个更年轻化的新品牌。

2009 年，一泽信三郎最终赢下官司，把一泽帆布、信三郎帆布和信三郎布包三个品牌整合运营，于 2011 年回归一泽帆布旧址。信三郎有两个女儿，这也令人期待女性继承人将为这家百年老店带来的新气象。

· · · ·

❖ 细节中的"一泽限定"

自创立以来，一泽家对于核心面料帆布，从来只选上等优品。每平方米重 228 克以上，用棉或者麻以特定织法完成的厚面料，才能成为"一泽限定"帆布。

一泽家用了很长时间和合作的染工场一起反复试验，如何让有厚度的帆布内外染色均匀，且不易褪色；如何调配一泽家帆布的原创色彩；如何在确保防水性能的同时使得布料软硬适中、板型不变……

缝制帆布用的线也经过了严格挑选。这种线跟缝制南极帐篷的线同款，其特点一是缝制时磨损很小，二是使用时间越长反而越紧实。为了和帆布的颜色完美搭配，线也专门染成一泽限定的颜色。

另外，30 多种金属配件里也有一泽限定款，比如以经典包型为蓝本设计的拉链头、印制了"布包"字样的纽扣等。一泽家希望人们每天使用的帆布包，除了扎实的功能性外，也有潜藏在细节里的创意。

只要买下一款一泽家的帆布包，一段长久的缘分便就此开始了。布包经历时间的洗练，会渐渐变得柔软，开始褪色甚至磨损。

无论是顾客亲自到店还是邮寄布包上门，一泽家的职人都会根据破损状况进行评估，提出修补方案和价格。一段时间的等待后，这个带着独特印记的布包会再次回到使用者的生活里。

. . .

❖ 职人也可以是新品设计师

在一泽家的工坊里，职人两人一组制作帆布包：一个踩缝纫机走线定制的熟练缝纫师，配备一个被称为"下职"的初级职人，后者负责在圆木桩前用木槌将帆布敲打出布包的板型，并为布包加上金属配件。这个小团队配合完成布包制作的完整工序，缺一不可，这是一泽家特有的模式。刚加入的职人从"下职"做起，做到熟练缝纫师，跨越圆木桩与缝纫机的距离，需要花上七到八年时间。

有一样东西在一泽家的工坊里是找不到的，那就是所谓的工艺手册。在现代商业社会里，我们习惯于把一切可以标准化的流程规范化、书面化，以便按部就班、有迹可循。然而在一泽家，

熟练缝纫师与初级职人之间的距离，可能需要七八年时间才能跨越

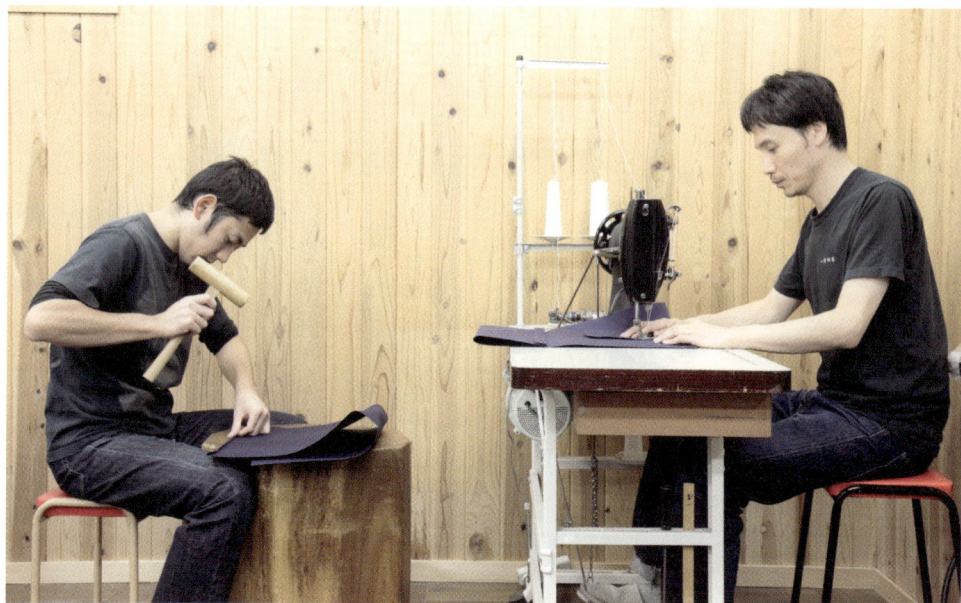

最终的考核标准一定存在，但是工艺的实现路径却是不设限的，人们最期待的是在日复一日的手作里，职人智慧与工艺窍门迸发出新的可能。

2015 年我第一次拜访一泽信三郎帆布时，工坊里最年长的职人 70 多岁，最年轻的 22 岁。如此大的年龄跨度反而让新品开发时的想法碰撞变得有趣起来，因为职人们不仅是手艺人，也可以是新款产品的设计师。每月的第四个星期六都会召开新作企划自荐会，职人们可以利用工坊里的材料做成样品，在自荐会上介绍，暂时未能使用缝纫机的下职也可以请缝纫师协助完成。近三年来，由职人们设计并加以标准化的产品并不在少数。这个无门槛的内部创意驱动机制，让更贴近时代潮流的年轻职人可以自由发声。

. . .

❖ "安于室"的收放自如

梁文道先生曾说："京都老店们都在互相帮衬。"确实，茶叶罐老铺开化堂装茶罐的专用帆布袋，和果子老铺键善良房、茶叶老铺一保堂店里给客人放包用的方形大布袋，以及店员们穿的围裙都来自一泽家。除了和这些"同辈分"的老店互相帮衬外，

左上、下图：一泽的包小到布标、五金配件都凝结了职人的心血

右上、下图：一泽限定色与专属零件

选购锦囊

1. 购买时注意接缝与五金件等细节。

2. 帆布面料特殊，平时可用刷子轻轻清理污垢，尽量不要水洗。

3. 必须水洗时请手洗，将包保持原本的形状晾干，不可烘干。

一泽信三郎帆布还与日本的学校、寺庙、慈善机构、艺术家、音乐人、卡通形象等合作推出过各种联名限定款。

2015 年 7 月，一泽家收到一个来自中国的定制邀约，这也是他们第一次收到海外的合作邀约。经过一段时间的反复沟通，审慎而挑剔的他们终于答应合作。两个多月后，"穷游" 11 周年纪念版帆布包面世，受到中国用户的欢迎。

在愈加多样的合作中，一泽家百年来的品牌哲学却丝毫不变：使用优质天然帆布，带着对工艺的敬畏之心手工制作帆布包；为每一只帆布包提供终身保修；在且仅在京都制作、贩卖帆布。这些信条早已渗透进"一泽信三郎帆布"的血液之中。它踏着自己内心的步调，继续前行。

穷游 11 周年纪念版帆布包

制作步骤

1. 将帆布裁剪为实际需要制作的各个部分。

2. 缝纫师确定好布标在布包上的位置并缝制。

3. 下职完成口袋在缝制前的折叠、敲打与成型。

4. 缝纫师将口袋缝在布包本体上。

5. 走线方向是不可逆的，需要在包内侧将线头打结拉紧。

6. 将帆布对折，等距走三道线，制作帆布包的提手。

7. 折起帆布包边缘，完成窝边走线并用木槌敲打使窝边处平整。

8. 将布包立起，敲打出底部两侧三角的廓形并缝线。

9. 将制作好的提手与布包本体缝合起来。

10. 将布包上部走完的线头打结收紧，同样将线头留在内侧。

11. 将金属配件定位装好。

12. 将布包表里翻回，敲打底部并整理形状。

13. 钉上穿绳子的扣并穿上装饰绳，最后检查细节。

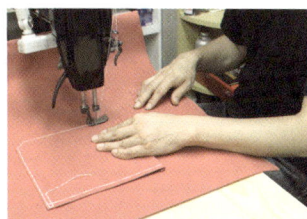

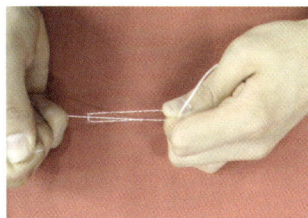

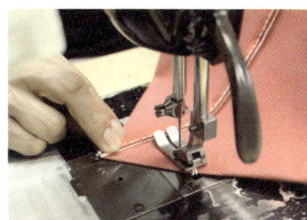

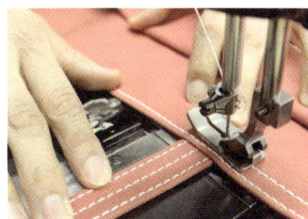

1.	2.
3.	4.
5.	6.
7.	8.
9.	10.
11.	12.	13.

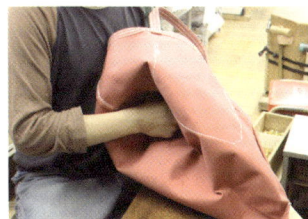

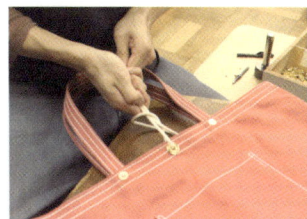

033

034

035

036

033　圆筒形手提包

8000 日元

根据一泽帆布元祖布标的牛奶配送袋手作而成，圆筒状的造型非常独特，个性十足又不失可爱。最新款稍微削减了造型的浑圆度，使得横竖都可以放进 A4 纸大小的物件。大开口、大容量，适合日常使用。

034　七宝纹样新色斜挎小包

6000 日元

2017 年 11 月新推出的配色，十字与圆形的重复图案，灰色与粉色的搭配设计，经典耐看。

035　日式学生双肩背包

21000 日元

双肩书包，包形方正，可放入 A4 纸大小的书籍。防水性及搭扣设计可以很好地保护包里的东西，不仅适合学生，简洁大方的设计也很适合成年人使用。

036　三用背包

7000 日元

黑色的帆布上，大大的"布包"两字是最醒目的标志。通过调整肩带长度和打结方式，可以实现一包三用，即单肩包、斜挎包、双肩包，非常有特色。

037

038

039

040

037 双肩背登山包

27000 日元

这一款双肩包是年轻职人为方便自己使
用而制作的，容量极大，两侧还有两个
小包，顶部有拉链设计，能够起到较好
的防盗效果。除了双肩用背带外，还有
两个带子可供手提。

038 自行车车把包

12000 日元

包背面的两个伸缩扣能够让你将包装到
自行车车把处，脱去背扣则可作为日常
手提包使用。

039 帆布福尔摩斯帽

5000 日元

头围尺寸：M-56 厘米 /L-58 厘米 /
LL-60 厘米

为了防止脖子被晒伤而设计了前后帽
檐，男女通用。

040 经典版手提包

小 3500 日元 / 中 3800 日元 / 大
4000 日元

延续了百年的一泽经典职人工具袋板
型，不仅分为大、中、小三种型号，还
有粉色、棕色、藏蓝等十几种颜色，耐
看又实用。

好物 - 08

永乐屋：日本人爱用 400 年的风吕敷

撰文 ◎ 林奕岑　　图片 ◎ 林奕岑、永乐屋

老铺创新，将"老奶奶的压箱布"变成环保又有艺术感的万用包袱布。

好物

风吕敷

日本自古以来用来收纳、包裹物品的包袱布，源于洗澡时用来包裹衣物的布，因此得名风吕敷。

手拭

照字面意思解释就是擦拭手的布巾，此外也可以用来当擦碗布、擦汗布（举行祭典时绑在头上）、洗脸毛巾等。布料很薄，吸水性强又易干。如今手拭也像风吕敷一样，被活用于包装物品、挂在墙上当装饰或用作围巾。

......

名铺

永乐屋

创立于江户时代（1615 年），是日本最古老的棉布商，目前传承到十四代目。每年推出约 100 个新花色，且复刻昭和时代经典图案，以樱花、舞伎系列最受欢迎。

永乐屋细辻伊兵卫商店 本店

地址：京都市中京区室町通三条上儿役行者町 368   电话：075-256-7881   营业时间：11:00—19:00   官网：www.eirakuya.jp

伊兵卫 ENVERAAK

地址：京都市下京区四条通河原町西入儿御旅町 34   电话：075-222-1622   营业时间：11:00—21:00

看过日本时代剧的朋友，一定对剧中人物把物品收纳在一条正方形包袱巾里，打上几个结就提着出门的画面不陌生。到了现代，日本人的日常生活中依旧少不了它，它可以用来作便当包巾或是送礼包装，甚至演变成一种表达自我个性与品位的配件与装饰品。这样一条多用途的四方形包袱巾被称为"风吕敷"。而京都最具代表性的手工染织包袱巾品牌，就是创立于江户时代（1615 年）、日本最古老的棉布商永乐屋（全名"永乐屋细辻伊兵卫商店"）。

. . . .

❖ 织田信长赐名的御用布商

永乐屋起于织田信长的御用布商。当时织田信长的战袍"铠"之下的衣着"直垂"，就是由永乐屋制作而成的。而"永乐屋"这个屋号以及店主的姓氏"细辻"，也是由织田信长所赐。自1615 年起，第一代细辻伊兵卫即以绢布、棉布批发商以及町家手拭专门店起家。四百年来，永乐屋历经多次天灾和时代巨变，目前传承到十四代目。

第十四代掌门人于 2000 年正式袭名细辻伊兵卫（继承家业后世世代代的名字都是细辻伊兵卫，不再使用本名），自此展开从传统中求变革的道路，致力于将一个曾经债台高筑的老品牌

右图：十四代目细辻伊兵卫正在染布

左图：伊兵卫 ENVERAAK 风吕敷专门店

更多好物

むす美（MUSUBI）风吕敷

由山田纤维株式会社于 2005 年开设，东京店坐落于明治神宫附近。むす美（MUSUBI）致力于将传统的风吕敷与现代生活相结合，开发出各种图案的风吕敷，店铺还不定期举行风吕敷教室及讲习会等活动。

地址：京都市中京区三条通堺町东入枡屋町 67　电话：075-212-7222　营业时间：11:00—19:00（周三休息）　官网：www.kyoto-musubi.com

【1】"大名"为日本古时对藩国领主的称呼，类似中国古代的诸侯。

昭和手拭

转型为时尚流行品牌。社长以传统友禅技法为经纬，加入现代元素的图案设计，每年推出数款新设计以展现老铺生生不息的创造力，同时推出昭和时代的复刻版。新品牌"伊兵卫""RAAK"由此诞生，其中伊兵卫 ENVERAAK 即是永乐屋旗下的风吕敷专门店。

十四代目细辻伊兵卫的革新不仅在于商品本身，还包括店铺的经营方法。他决定把伊兵卫、RAAK 开设在京都最繁华的四条通上，且积极策划手拭展览会，并通过 Twitter、Facebook 等社交网络与年轻人互动。于是自古以来日本人生活中不可或缺的手拭、风吕敷等棉布品，不仅变得年轻化，还提升到了设计与艺术层次。永乐屋依循昭和时代以来的传统，配合季节更迭，每年推出约一百种新花色，其中以樱花、舞伎系列最受市场欢迎。

. . .

❖　**从将军请大名[1]洗澡说起**

你可曾想过，为什么这样一条正方形的棉布叫作风吕敷？日文"风吕"二字，指的是澡盆、浴池，所以，风吕敷的字面意思是洗澡时用来收纳衣物的包袱巾。

关于风吕敷的起源众说纷纭，最多人采信的一说，是最早在奈良时代日本人就有用一块布料包裹衣物的行为，称为"包み"（tsutsumi）。目前现存最古老的一条布巾收藏在奈良东大寺的正仓院。到了室町时代（14 世纪），三代将军足利义满在京都宅邸室町殿建造了一个名为大汤殿的浴室，邀请公家与全国的大名来此洗澡。将军大名们的衣服上饰有各自的家纹，为了避免混淆，他们脱掉衣服后会各自用绢布收纳衣物，风吕敷文化由此形成。

江户时代，钱汤（即澡堂）非常普及，当时人们把这个四方形的布巾称为"风吕敷包み"，这是风吕敷一词的开始。随着手工业（大阪的棉织、京都的西阵织、越前的造纸）的蓬勃发展，风吕敷不再局限于澡堂使用，当时的商人经常用它来包裹货物，而一般百姓则用其收纳各种日用品。进入明治时代后，风吕敷已经深入庶民的日常生活，用棉布包装、收纳的文化在每个日本人的血液中根深蒂固。

. . .

❖ 从塑料袋回归风吕敷

然而，到了昭和三四十年，各大百货公司与店铺开始给顾客提供免费的纸制手提袋，原本把风吕敷当作手提袋来用的日本人，开始拥抱纸袋、塑料袋与其他布料提袋，风吕敷市场逐渐萎缩。

后来日本出现了震惊世界的水俣病[1]，日本人开始反省资源污染问题并重视、落实节能环保。在倡导循环经济的社会风气下，东京、名古屋、京都、大阪四大织物商业组合所属的风吕敷业者集结成立了联合会，积极推广风吕敷的使用方法，并且在材质与花色设计上推陈出新，消除风吕敷是"老奶奶压箱布"的过时印象。于是，自古以来就被日本人用来收纳、包裹物品的风吕敷，因其轻巧、方便且能反复使用，再次焕发了生机。

【1】水俣病事件发生在 1956 年，由于工业生产中排放的汞对海洋环境造成危害，不少人在食用被污染的海产品后出现不同程度的病理症状。

除了便当文化举世闻名外，日本人也非常讲究送礼礼数。到了现代，风吕敷几乎是便当包巾以及礼品包装素材的代名词。由

风吕敷的系法十分多样，用途也各有不同

制作步骤

1. 制作布料。

2. 友禅染：调色，先在图案轮廓上涂抹防染糨糊，接着上色，再用高温蒸制，让颜色固定在布料上，最后用水洗去多余的染料和糨糊。

3. 晾干、整理。

于风吕敷是正方形且有多种尺寸，通过不同的包法与打结方式，既能用来包裹酒瓶、婚礼礼金和其他各种礼物，又能变身为各式各样的侧背包、手提包、纸巾盒套，别致有型，大受年轻人喜爱。装裱后挂在墙上，也可让室内气氛焕然一新。

目前日本国内生产的风吕敷与手拭，一般都是采用注染[1]技术，而永乐屋的布制品则不同，绝大部分都是活用友禅的手描友禅、型友禅等技法制成。除了到伊兵卫与 RAAK 选购风吕敷或是围巾型手拭外，也可以到永乐屋本店二楼参观昭和初期的珍贵手拭和设计板型，有些图案即使在 21 世纪来看，依然充满魅力。

【1】日本传统印染技法之一，主要用于布手巾和浴衣的印染。染料渗入布的内芯，不分表里，两面颜色都很鲜艳。与友禅染的区别在于后者的图案与颜色只在布料表面显示，里面则几乎无色。

_041_　大风吕敷 · 橘

3700 日元

橘既是日本固有的水果品类，又是日本十大家纹图案之一，在华人世界里象征着大吉大利。

_042_　风吕敷 · 茶道具文

小 1200 日元 ／ 大 3700 日元

茶道是京都的传统，更是其核心文化，此款风吕敷以抹茶绿为底色，缀以茶筅（点茶时用来搅拌茶汤的刷具）、茶勺图样，一经推出就大受好评。

_043_　大风吕敷 · 舞伎并列

4200 日元

舞伎是京都的象征之一，这个款式是永乐屋在昭和时代初期的设计，到了 21 世纪也不过时。

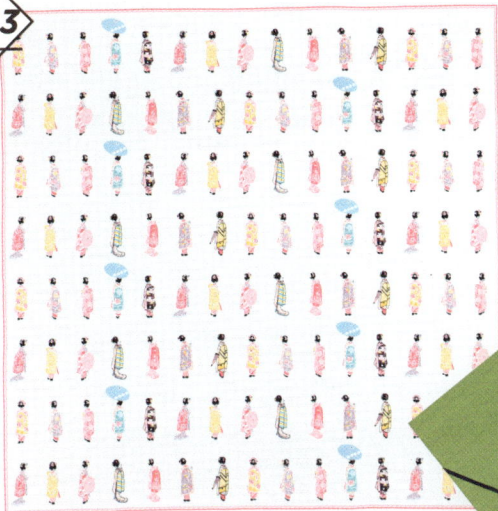

043

044

045

046

047

044 大风吕敷 · 石庭与枝垂樱

4500 日元

石庭与枝垂樱的景色，来自京都最大禅寺妙心寺的子院退藏院，极富艺术性与收藏价值，建议挂在墙上作为装饰。

045 风吕敷 · 枪梅

小 1200 日元 / 大 3700 日元

朵朵白梅绽放在草绿的底色之上，带给人春天般的活力感觉。

046 环保袋 · 划船熊猫

4700 日元

熊猫不仅是中国的国宝，在日本也很受喜爱。永乐屋有多款熊猫图案的产品，其中这款划船熊猫环保袋十分有趣，令人忍俊不禁。

047 町家手拭 · 努力骑自行车的舞伎

1600 日元

舞伎们骑着自行车努力加速前进，超越了人力车夫！幽默感十足，是十四代目细辻伊兵卫的设计款式。

风吕敷使用锦囊

撰文 ◎ Veronica   插画 ◎ 淑明

风吕敷颜色鲜艳，花色别致，很多中国人去日本旅行时都一见钟情，买回来之后却不知道该怎么使用，因而束之高阁，这就有点暴殄天物了。风吕敷是日本人不可或缺的生活用品，自用送礼两相宜，甚至有"懂得得体使用风吕敷的才是好女人"的说法。如何挑选风吕敷、如何选择恰当的结系方法是日本女人彰显自身审美品位及格调的必修课。

因古代需将小块布料缝成大块布料而产生了"巾"（36 厘米）这一单位，并在风吕敷中沿用至今。风吕敷从最迷你的中巾到单边长度达 2.3 米的七巾，不同尺寸用途不同，分别用于包裹礼金、服装、便当、瓶装酒、小型礼品、图书、纸巾盒等，任何你想让它变美的东西都可以用风吕敷包起来。此外，风吕敷还可以用作布包、桌布、门帘等，甚至可以镶嵌起来做壁挂，绝对能让你家的颜值大大提升。

风吕敷是包扎和打结的艺术，主要分成包扎方形物、条形物、包包和其他华丽型包扎法。包扎时需要遵循被包物体大小不超过风吕敷对角线三分之一的基本原则。除了美观地包裹物体、露出美丽图案之外，如何处理收尾的结也是一大重点。

. . .

永乐屋手拭款式《努力骑自行车的舞伎》

1.

风吕敷怎么用？

1. 挂起来，作为门帘或挂画。

2. 铺起来，作为桌布或沙发布。

3. 打结，做布包或包裹任何你想包的东西。

2.

风吕敷的打结方法多种多样，以下是几种实用又易学的风吕敷打结方法。

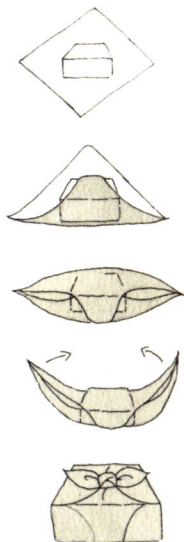

a.【单结】

a.【单结】

单结是最简单的风吕敷打结方法，用来包裹方形的物体。

①将物体置于风吕敷中央

②用对角两侧的布料左右包起物体

③将另一侧的布折回

④拉起两侧未折的角

⑤在物体正上方拉紧，打结

b.【纸巾盒结】

风吕敷还能包裹纸巾盒，从此再也不用担心家里的纸巾盒丑了。

①平铺风吕敷，中间平行放好纸巾盒

②将风吕敷左右两端拉起并放在纸巾盒上

③先系起右边两个角，再系起左边两个角，注意打结时纸巾盒不要移位，打的结要在纸巾盒上

④整理，使纸巾盒完全被风吕敷包住即可

b.【纸巾盒结】

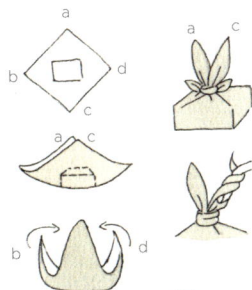

d.【玫瑰花结】

c.【包包结】

包包结是非常实用的打结方法，能迅速变出一个小包，有 Ring Bag 和 Leaf Bag 两种打结法。

①将风吕敷内侧朝上平铺

②沿对角线对折

③两端各系一个结

④将风吕敷外侧翻出，成布袋的形状，两个结置于袋中

Ring Bag：

⑤剩余两角打结，系紧

⑥再打一个小结，作为提手

Leaf Bag：

⑤剩余两角打一个较松的结即可

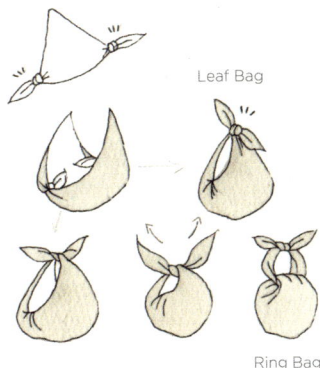

Leaf Bag

Ring Bag

c.【包包结】

d.【玫瑰花结】

玫瑰花结是送礼时广受好评的一款包装结，尤其适合花色艳丽的风吕敷。

①将礼品置于风吕敷正中

②提起 a、c 两角

③在 a、c 保持提起状态的同时，用 b、d 两角的布缠绕

④把 b、d 两角系起，a、c 两角尽量拽长

⑤用手指分别卷起 a、c 两角的布

⑥将 a、c 角塞入打起的结中，整理出花蕾与叶片的效果

好物 - 09

京都西川：床上的艺术品

撰文 ◎ **骆仪**　图片 ◎ **京都西川**

寝具不仅有助于安眠，还可以承载浮世绘、友禅染等高雅艺术，450 年老铺品位不凡。

好物

玫瑰真丝被

1. 保温性：采用天然纤维中极细的生丝，含有大量空气，能够形成保温层。

2. 吸放湿性：真丝纤维可以吸收和散发湿气，像呼吸一样自然调整湿度。

3. 合身：1米以上的长纤维形成柔软的自然曲面，能够完全包裹住身体。

4. 轻：虽然真丝被更蓬松，但重量只有一般被子的三分之一，轻薄且方便收纳。

5. 健康材料：真丝是蛋白质，对皮肤无害，肌肤敏感的人也可使用。

6. 卫生：真丝是长纤维，不易产生灰尘。

・・・・・・

名铺

京都西川

1566 年由初代仁右卫门创立于近江国，1750 年开设京都店，即为京都西川的前身。

西川 ROSE 寝装馆

地址：京都市左京区下鸭南野野神町
1-13　电话：075-712-7861　营业时
间：10:00—18:00（周三休息）　官网：
www.kyoto-nishikawa.co.jp

・・・・・・

产品亮点

1. 与日本名家、京都老铺的跨界合作款被面极具艺术性。

2. 材料高级，羽绒来自欧洲高纬度国家，真丝来自日本丝绸名产地京丹后。

3. 产品功能性强，在保暖、吸湿、保健等方面尤其突出。

在别的地方，艺术可能是去美术馆、博物馆、剧院、音乐厅等场所才会邂逅的东西，而在京都，生活里处处是艺术。就拿"京都人的食堂"锦市场来说，熙熙攘攘的菜场拱廊上挂着伊藤若冲的公鸡画，纪念这位锦市场出生的著名画家诞辰 400 周年。此外，你还会在风吕敷、版画、朱印账、明信片甚至是床上用品上见到日本名家作品。跟路易威登的大师系列名画手提包相比，京都人在艺术融入生活用品这方面至少早走了几十年，甚至在设计美感上也不输前者。

把日本名画"搬上床"的，要数京都西川做得最为漂亮。将他们历年的艺术范儿床上用品集合起来，足以办一场美轮美奂的展览了。在老铺云集的京都，京都西川是老铺中的老铺，2016年是其创立 450 周年。

・・・

❖　被面：从浮世绘、友禅染到唐纸

永禄九年（1566 年），仁右卫门在近江国（现滋贺县近江八幡市）开店贩卖蚊帐、榻榻米等生活用品，西川由此创业。二代目甚五郎制作的近江蚊帐很受顾客欢迎。做了 300 多年蚊帐，西川的蚊帐在"二战"前已经出口到新加坡、印度、泰国等地。随着纱窗的普及，蚊帐需求衰落，西川为适应市场逐渐转为生产

右图：紫阳花图案的被面清雅而柔软

左图：21世纪琳派代表画家桑和成的作品《想》制成的羽绒被面

更多好物

洛中高冈屋·布团

创立于大正八年（1919 年）的洛中高冈屋，其布团采用西阵织技法，保留了和文化的精髓，为许多日式旅馆选用。

地址：京都市下京区五条通油小路东入金东横町 242　电话：075-341-2251　营业时间：09:30—18:00（节假日休息）官网：www.takaoka-kyoto.jp

毛毯、羽绒被、床单、枕头等床上用品，并注册了商标"ローズ"（玫瑰）。

新世纪以来，京都西川推出了多款极具艺术性的被子，把世界文化遗产京都二条城的袄绘，狩野尚信、狩野探幽[1]绘于大广间和黑书院的多幅画作做成羽绒被被面，图案为金粉底的樱花、松树、孔雀、牡丹等，很能代表日本传统审美。2008 年，《源氏物语》诞生一千周年之际，京都西川推出源氏物语羽绒被。曾被做成被子的还有浮世绘名家歌川广重的《东海道五十三次之京师》、京都细见美术馆所藏伊藤若冲的《丝瓜群虫图》、绘本作家武内祐人的动物画等。

2015 年，为纪念琳派[2]400 年，京都西川设计了两款被面：一款是将 21 世纪琳派代表画家桑和成的作品《想》制成羽绒被面，波浪底色上的抽象金色曲线象征飞翔中的鹤，鸟头一点红代表鹤的丹顶，这是一幅非常华丽大气的图案，用作床上用品气场十足，能让你的床成为整个房间的亮点。

另一款琳派纪念被面乍看之下低调很多，但制作工艺实质上更复杂，即将琳派作品集《光琳百图》的波浪纹封面，采用日本有名的丝绸产地京丹后的正绢（100% 真丝），以友禅染的小纹技法手

[1] 狩野尚信和狩野探幽为狩野孝信之子，日本狩野派代表画家，其创作吸收汉画技法，擅长壁画。

[2] 琳派为 16 世纪桃山时代后期兴起的日本艺术流派，其创作追求日本趣味的装饰美，题材多为花木、鸟兽等。

西川的被面使用了唐纸老铺云母唐长的吉祥纹样

工上色，制成真丝被面。

京都西川与唐纸老铺云母唐长的跨界合作也非常值得一提，选用云母唐长的代表纹样天平大云、南蛮七宝印成被套和枕套，暗含吉祥如意、幸福丰收的寓意。"这些来自中国唐代的纹样能够保留下来不容易，作为一家老店，西川有义务宣传并继承。"京都西川海外开发事业部的部长松下一郎说。千总、云母唐长、京都西川，这几家老铺都有约 400 年的创业史，彼此惺惺相惜、互相支持，也是京都特有的现象。"同在京都，我们与同样有历史渊源的老铺共同设计、开发推出新产品，与作家、画家、美术馆合作，把艺术制成床上用品。共同宣传京都，是我们老企业的使命。"

· · ·

❖ 被芯：人手拉扯真丝 600 次

被京都西川的艺术感被面吸引之余，自然会涌出一个念头：这

Warmfeel 20 毛毯虽然薄，却具有传统被子无可比拟的吸湿保温优势

种被子是不是虚有其表，拿来摆摆好看，但实用性不强？其实
不然。选用高级材料制作、追求功能性和舒适感都是京都西川
产品的强项。

就拿以上"光琳百图"的被子来说，被芯是 100% 真丝的角真
棉。角真棉是指用碱性洗剂水洗蚕茧，在水中把蚕丝拉长，将
蚕茧纤维中的蛹等不纯物去除后，取出拉伸晾干而成。拉伸使
用"井形手扯法"，由两人对立拉扯蚕丝，然后以纵向一层、
横向一层的方式铺蚕丝，这样被子中间也能形成保温空气层，
而且因为纵横交叠，丝线不容易撕裂，也更为柔软。"井形手
扯法"需要人手拉扯约 600 次，蓬松度是机器制真丝被的好几
倍，保温性能和舒适度也得到大大提高。这款被芯被命名为"玫
瑰真丝被"，玫瑰是京都西川的商标，也让人联想到玫瑰的芳香，
心情愉悦放松。

在京都西川，床上用品的功能性和舒适感并不仅仅依赖人手传
统制作，它同样离不开高科技和现代材料。使用聚乙烯的凉感
被子和床垫能够吸湿速干，在梅雨季节很受欢迎；Warmfeel 20
毛毯吸湿发热，还能防静电；儿童床垫的波纹状表面能防止儿
童窒息，可水洗，是销售王牌之一；而羽绒被则选用来自波兰
等高纬度国家的鹅绒，保暖性能比中纬度地带产的鸭绒更强，
也更蓬松。

西川邀请绘本作家武内祐人为儿童床品设
计图案

048 玫瑰 WWave 儿童床垫

22000 日元

床垫表面纹理呈波浪状，即使婴幼儿趴着睡觉也不会窒息。而且床垫使用特殊工艺与材料制成，不易变形，可以提供很好的支撑，有益于骨骼生长发育。

049 Warmfeel 20 毛毯

35000 日元

重量只有一般毛毯的三分之一，但十分温暖，可以吸收人体在睡眠过程中蒸发的水分并将其转换成热能，保证温度均衡。有多种配色可选。可手洗。

050 友禅染玫瑰真丝被

400000 日元

被面是友禅染的花鸟山水画，实物手感非常柔软，色泽华丽。被套和被芯均为100% 真丝。

051 Hugvie 抱枕

小号 8000 日元 / 大号 10000 日元

Hugvie 抱枕的表层使用 Warmfeel 20 的亲肤面料，且可以随使用状况调整为最适宜人体的形状。抱枕的头部还能藏一部手机，小朋友抱着抱枕跟妈妈通话时，能够感觉妈妈正抱着自己在耳边轻语，是非常贴心的设计。

好物 - 10

纸司：温润亲密，写尽相思

撰文 ◎ **苏枕书**　　图片 ◎ **纸司柿本**

"手感柔软，折叠无声"，人们用和纸书写壮怀，寄托相思。

自古以来，京都便聚集了各种嘉美之物。单说和纸就有许多，大如室内的纸拉门、屏风，小如纸伞、纸灯，更小的，如女子结发用的"绘元结"，赠送物品时捆缚的"水引"等。

和纸其实是传统日本纸的统称，使用麻、楮[1]、三桠、雁皮等材料制成，纤维较长，虽薄却比一般纸张坚韧，据说一些和纸的寿命可达千年。和纸最为独特的也许是其纹理，随着使用时间的延长，和纸表面会出现越来越多的细小褶皱，形成"润物细无声"的独特美感，同时令人体察到时光的流逝。因此除了日常书写外，和纸多作为包装及装饰品出现。谷崎润一郎在《阴翳礼赞》中有一段美妙的叙述："一看到中国纸和日本纸的肌理，立即感到温馨、舒畅……肌理柔和细密，犹如初雪霏微，将光线含咽其中，手感柔软，折叠无声。这就如同触摸树叶，娴静而温润。"

【1】楮与三桠均为植物，其树皮是制作纸张的原料。

《源氏物语》里的贵族男女写一封信，咏得一句好和歌，必要配上精美的和纸。平安时期的男子爱用楮纸，女子爱用檀纸。楮纸致密坚厚，可用于书写公文；檀纸多产于陆奥国（日本古代令制国之一），故又名"陆奥纸"，表面略有皱缩，洁白美丽，适于书写绵长的假名。《源氏物语》与《枕草子》中均提到过陆奥纸。这些都是京都人执着于和纸之美的文化源头，而他们

右图：纸司柿本坐落在文艺气息满满的寺町通

左图：春雨纸，色泽氤氲，正如被春雨打湿

更多好物

赞交社·书画用品

京都的书画用品专门店，风格传统，书画装裱技术亦为一流。

地址：京都市中京区河原町二条西入北侧　电话：075-222-0390　营业时间：10:00—19:00　官网：www.shoga-sankou.co.jp

和诗俱乐部·柴犬和纸小物

店铺内销售许多或清新或俏皮的和纸小物，如朱印账、团扇、书皮、桐箱等，还有柴大"柴田部长"卖萌系列数十件单品，令人爱不释手。

本社·油小路店

地址：京都市中京区二条油小路上儿药屋町593　电话：075-213-1477　营业时间：10:00—18:00（周末及节假日休息）官网：www.washiclub.jp

也早已习惯了与这些最典雅的物品日日相处。

我虽不写字画画，但也爱买纸。鸠居堂之外，最常去的便是纸司柿本。纸司柿本位于寺町通，这条路从北面的紫明通延伸到南端的五条通，一路有庐山寺、梨木神社、御所，以及各种旧书店、古董铺、画廊，趣味万千，总也逛不够。京都虽有众多文具店，但能像纸司柿本一样品目繁多、门类清晰、个性鲜明的却并不多。传统书画纸、写经纸、各色手工和纸、规格不一的笺纸、千代纸等装饰用纸，以及可在打印机上使用的种种公文纸，应有尽有，几乎能够满足人们对于纸张的各种需求。

柿本祖上做竹器生意，可追溯到享保年间（十八世纪初期）的竹器商号"竹屋长兵卫"，1845年才开始经营纸业。柿本家子息薄弱，世代招婿养子上门，也就是所谓的女系家族，直到第五代才有男孩。

最初我发现纸司柿本，也是因为其店堂明净，离一保堂茶铺和古梅园不远。当时纸司柿本分左右两间，从左侧进门，里面是柜台及纸架，右边一间放置一些特制的创新和纸。纸司柿本的纸样从不渗、微渗至渗水良好，逐一标明产地、品名、加矾比例、年代等，有十分细致的区分。书画纸又称画仙纸，有煮碰笺、玉版笺、罗纹笺、豆腐笺之别。中国产的叫"本画仙"，日本产的叫"和画仙"。此外，纸司柿本还有越后纸、越前纸、美浓纸、加贺雁皮纸、桐生纸、伊势和纸、吉野纸、因州和纸、石州和纸、备中和纸……以及迷人且纹理细密、洁白如雪浪的云肌麻纸。

正仓院[1]文书中多见麻纸，其后湮没不见。大正年间，学者内藤湖南请越前和纸职人岩野平三郎改良以麻、楮为原料的越前和纸，复原更适于书法的麻纸。越前也就是福井地区，离京都不远，自古以来就是著名的和纸产地。岩野平三郎从内藤湖南处收到很多古代的纸张，仔细琢磨后终于复原出著名

[1]"正仓"本指奈良、平安时代各地政府、大寺收纳贵重物品的场所，现仅存一座，即位于奈良东大寺内的正仓院。

制作步骤

1. 漂洗原料（去掉黑皮等不可用的部分，大约 6.6 千克的原料可制作 330 张和纸）。

2. 熬煮原料，使其变软并除去异味。

3. 捶打洗净后的原料，分解纤维。

4. 滤纸：将纤维放入滤纸桶中加水搅拌，再置入滤纸竹筛摇动，使纤维在竹筛中均匀排布，并呈现出纹理。

5. 将水分挤出后烘干，日晒。

6. 裁剪。

的云肌麻纸，不仅适合书法，更是绘制日本画的奢侈品。如果有画画的友人，不妨将云肌麻纸作为礼物，一定会收获对方的惊喜。

柿本家的纸，来源大约有两类：一类是收购全国优秀制纸工坊的作品，一类是自家门下职人的作品。前者如京都北部地区绫部市黑谷町产的手工纸，可制成名片、信封，符合柿本家一贯的审美趣味；后者如"一笔笺"，每一页都印有文雅的图样，更是柿本家独一无二的作品。不论是哪一种，都值得推荐。

怀纸也很值得一提。它原是古代女子掩在襟前对折的一叠纸张，可当手帕使用，也可写和歌、托点心。柿本家的怀纸同样有多种季节纹样，尺寸小巧，方便携带，可作为面纸的替代品，又比面纸文雅许多。

从前在信中跟朋友提过一种极薄的手工纸，叫作"洛中之雨"。日本著名画家横山大观画过《洛中洛外雨十题》，其中有一幅《八幡绿雨》画的是京都八幡市附近的竹海，青碧竹林中茅檐掩映，满纸水色，"洛中之雨"正是这样的印象。"洛中之雨"有浅金、薄银、青柳三色，写字不见得多合适，但用作包装礼物，或者干脆装在相框里作装饰却很好。

我从前还买过一种木版印刷的方格稿纸，有红蓝两色，是柿本家的职人复原明治时代文人们喜欢的稿纸制成，每张都是手工印刷。纸色古朴，厚薄适中，钢笔与毛笔都很相宜，曾被各家杂志介绍推荐过，分赠师友，极受好评。可惜因为工艺复杂，印刷成本过高，几年前售罄后便不再生产，已成绝唱。

难得的是，纸司柿本在坚守传统的同时，并不止于经营纸张，而是早早提出了"通过纸创造文化"的理念。2010 年起，柿本开始主办"KYOTO KAKIMOTO 恋文大赏"，第一届比赛就收到了 1372 封作品，很有影响力。2015 年以来，恋文大赏改名"言叶大赏"，题材不再局限于"恋文"，对象广及中小学生

柿本家开发了各种纸品，用途广泛

及普通人，协作方包括京都各级教育委员会、日本国内各大电视台及报社，乃至统筹日本国内文化教育的文部科学省，成为全国级别的作文盛会，参赛书信超过万数，佳作迭出。大赛也出了一些周边产品，譬如樱花纹样的画帖、盛信笺的纸箧、纯手工的京漆钢笔、花笺与信封等。

近年来，京都旅游业日渐发达，纸司柿本也做出了相应的变革。2017 年春，店面重新装修，左右两间屋子被打通。落地玻璃窗内装饰应季的插花，进门有一张大桌子，摆满各色花纹精巧的信笺与明信片，季节类的纹样也应时而变。譬如春天必然有樱花，初夏有菖蒲、绣球，盛夏便是花火、金鱼，秋天可以见到柿子、鸭跖草，冬天则是山茶与雪，每每令我心生写信的冲动，忍不住要买下几种。虽然今天的我们已有极为便利的通信工具，但对于重要的、怀有眷恋的人，偶尔也寄去手写的书信或明信片，会不会格外郑重呢？

店内摆放的和纸，颜色极其漂亮

052 楮笺

600 日元 /30 张

纸司柿本的特色便笺，不渗水，纸色温柔，不仅适合写信，还可以当作画纸，有厚薄两种。

053 古布画帖

1800 日元

可以当作朱印账，也可作收集签名、印章之用，小巧可爱。封面上装饰用的布面是柿本家职人亲手挑选的古老绢布，每一块纹样都不会重复。

054 手染植物卡片

500 日元

最外面的纸张花纹由匠人手工染制而成，当中的卡片纸是质地坚密的和纸，不渗水，毛笔、钢笔都可使用，还有一枚小巧的贴纸，可以在写完卡片、包好封面纸之后作为封口的点缀。

055 久留米絣和缀本

2800 日元

使用福冈县久留米出产的木棉制成封皮，带有细腻的纹理，手感好，坚固耐用。内页的和纸质柔软，防渗墨，可作为日记本或速写本使用。

好物 - 11

芸草堂：在版木、和纸中与历史对话

撰文 ◎ **苏枕书**   图片 ◎ **芸草堂**

无论是选购名家版画还是明信片等小物，在芸草堂流连本身就是美的享受。

京版画

版画即在雕刻好的木板上印刷画作的技术，需要绘师、雕师、摺师（印刷）三者合作。版画在公元 6 世纪中叶随佛教从百济（朝鲜）传入日本，当时主要用于印制佛像。江户时代开始流行浮世绘木版画，京都也聚集了许多有名的版画家。京版画的艺术地位和影响力持续至今，但有经验的技师已经为数不多。

. . . .

名铺

芸草堂

创立于明治二十四年（1891 年），是日本现存唯一一家出版手工印刷木版书籍的出版社。其木版印刷作品传承经典，闻名海内外。

地址：京都府京都市中京区寺町二条下妙满寺前 459　电话：075-231-3613　营业时间：9:00—17:00（周末休息）官网：www.hanga.co.jp

. . . .

产品亮点

1. 木版书籍所用版木从日本全国收集而得，由专业职人精雕细琢。

2. 木版书籍所用和纸十分珍贵，能够充分展现出木版画的特殊质感与色泽。

3. 木版画博采众长，有尾形光琳、伊藤若冲等名家大作。

"晴。上午内山书店送来从芸草堂购得之画谱等四种，共泉十元五角。"《鲁迅日记》中 1929 年 3 月 2 日出现的"芸草堂"，正是今日京都寺町通的美术书出版老店，日本唯一一家出版手工印刷木版书籍的出版社。

. . .

❖　广收版木，印制名画

芸草堂创立于明治二十四年（1891 年）。当时如要开辟店铺，主人都会向文人学者求个店号。芸草堂的名字是初代主人山田直三郎向日本画坛巨匠富冈铁斋求得的，看板也是由这位京都画家所题，经历百余年风霜，是寺町通上一块著名的招牌。

创业之初，芸草堂的定位就是专门印刷、出版美术书籍。京都是日本美术工艺的中心地，不仅有日本画界最大的派系"四条派"，还有各种老铺，特别是注重图样设计的和服店，以及新成立的各种美术学校。因此，制作各种美术参考书、纹样帖、图录，就有非常大的市场。这也是芸草堂之所以能在京都诞生并活跃至今的重要原因。江户时代，京都已成为浮世绘印刷及通俗书出版的中心地。到了明治时代，首都东迁，东京的出版数量与种类逐渐超越京都，但多色木板套印及线装书装帧技术，仍以京都最为出色，当中独树一帜的便是芸草堂。

制作一册手工多色印刷的画集，需要雕师、印刷师、和纸商家、装订师共同协作，缺了任何一环都无以成书。只有京都才会有这么多掌握传统技艺的职人。从顺应市场需求到联合各方职人，

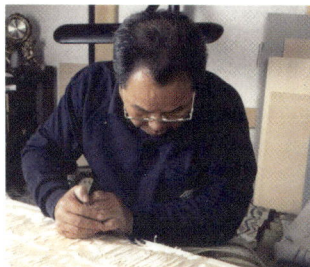

右图 1：雕版
右图 2：印制版画

左图：芸草堂狭长而明亮的店铺内摆着自家的招牌产品

更多好物

竹笹堂·木版画环保袋

创立于1891年的木版印刷老铺，也是历年《京都手帖》封面提供者。竹笹堂在致力于制作浮世绘等风格的木版画之余，也将木版画的技术和图案广泛应用于环保袋、风吕敷、零钱包、扇子、手机壳、灯具、风铃等物，产品美观、品种丰富。

地址：京都市下京区绫小路通西洞院东入儿新釜座町737　电话：075-353-8585
营业时间：10:00—18:00　官网：www.takezasa.co.jp

便利堂·明信片

1887年创立的京都珂罗版[1]印刷百年老店，店内有非常丰富的明信片及美术品周边系列。

地址：京都市中京区富小路三条上儿西侧　电话：075-253-0625　营业时间：10:30—19:30（周三休息）官网：www.benrido.co.jp

【1】珂罗版是一种书画复制工艺，即利用照相机拍照后修版、晒版进而印刷，完成对文物的复制。

芸草堂出版了许多优美的图册，创业没几年就在国内劝业博览会上连连获奖。芸草堂在竞争激烈的纹样印刷市场中脱颖而出，于1906年合并了同样经营图案印刷的云锦堂，并广泛购买著名古书店拥有的版木，成为染色出版行业的名店。近年来，在重现手工套色印刷版画的同时，芸草堂也会用普通的胶版印刷出版一些精美而价格亲民的图录。

日本作家寿岳章子的《千年繁华》《喜乐京都》里有专篇写到芸草堂："它在美术出版界是非常知名的公司，出过不少好书，即使在现在的古书界都还拥有极高的价值。战后，他们扩大经营，拓展出版范围，在保存芸草堂风格的同时一连推出许多不同的出版作品。""不久前京都的芸草堂改建成现代化的大楼，但是建筑设计之高雅与寺町通的气氛颇为吻合，与附近的老店也相当协调，并不是让人诧异侧目的粗糙建筑。"寿岳说的新建筑便是今日我们见到的芸草堂店铺，狭长而明亮的店铺内摆着芸草堂的招牌产品，主题有葛饰北斋所画的富士山与神奈川冲浪、伊藤若冲画的草花图绘、四季之花图绘、京都风景、浮世绘中的猫，等等。有一张一张手工印刷的版画，也有文件夹、一笔笺、信封、明信片、贴纸等。

. . .

❖　传承经典，复活传统

出版手工印刷木版书，步骤复杂，每个环节都需要技艺精湛的职人。首先要拥有版木，如无现成的版木，则需要请雕师新刻版木，之后需要有足够的手工和纸。据芸草堂店员早光照子老师介绍，虽然印象中生产和纸的地方很多，但适合木版印刷，尤其是适合套色印刷的和纸，实在非常珍稀。寻访得到的合适纸张，会同版木一起交给印刷师。此项工作对职人技术要求极高，不仅仅是印出来的效果有很大差别，如果技术稍稍不足，对版木的伤害也极大。印刷完毕后要交给专门的经师（线装书装订师）装订。而全日本仅京都、奈良、大阪各有一家能够承

制作步骤

1. 准备版木：由雕师设计、手工篆刻雕版，印刷前上色。

2. 印刷：印刷师用手将和纸覆于上色的雕版之上，注意按压的角度与力道。

3. 装订：待版画晾干后，经师用传统的线装方法手工订装。

《北斋漫画》

担大量线装书装订的老铺，经师严重不足。

以 2017 年秋上市的《北斋漫画》为例，全书共 15 编，版木最初为名古屋东壁堂所有，明治末年由芸草堂购入，710 张版木完好保存至今。光是寻找合适的和纸，就花了整整一年时间，几乎遍访各处和纸产地，最后选中高知的土佐和纸，所需约八万张。之后是一张一张手工印刷，耗费五月有余。最后拜托经师手工装订，共成 150 部，虽定价高昂（324000 日元），却是上可与历史对话、下可记录技艺如何传承的重要作品，奢侈且令人感佩。

百余年间，未能抵挡住时代变迁浪潮而消亡的旧书店、出版社不知凡几，芸草堂得以屹立至今，实在难得。"我们不会做不能再版的书。"早光老师说。旧书店的主人们也经常说，真正的好书要经得起旧书店的拣选与洗礼。两种想法可谓相通。

我非常喜爱芸草堂的四季花草图谱，据说一共有两百余种，均为京都本地画师所绘。过去卖得特别好的，主要是樱花、朝颜、绣球、菊花、山茶等传统题材。近年来，曾经颇受冷遇的橄榄、夏柑橘等题材和构图都不算传统的版画，却大受欢迎。这也是一代有一代的审美。芸草堂还挑选了一批四季植物纹样，印成明信片和文件夹，鸠居堂等店铺均有进货，老少咸宜，很得好评。

芸草堂也积极探索新时代的审美，复活传统，跟京都多家老铺进行跨界合作，拓展版画的世界。如琳派画家神坂雪佳的"百百世草"纹样，就分别与日吉屋合作了花伞、与永乐屋合作了风吕敷、与万叶舍合作了麻布挂轴、与京都高岛屋合作了朱印账……其他纹样的跨界设计还有茶箱、T 恤、裤子等，不一而足。

无论是手工印制版画，还是以芸草堂纹样设计的文具和杂货小物，我总是忍不住想买一些收藏，仿佛是在回应鲁迅的趣味，同时为芸草堂仍然活跃在今日感到庆幸，这是只有京都才能赋予的底气与生命力吧。

花版画 紫藤（左上）、绣球花（右上）、海芋（左下）、山葡萄（右下）

056

057

059

058

056　加藤晃秀·木版画·樱之谱

20000 日元

加藤是京都本地画家，创造了风格独一无二的"粹画"。他所画的京都系列细腻优美，在同类作品中尤为出色。版画尤其适合收藏。

057　一泽信三郎合作款·若冲帆布袋

9000 日元

京都本店与官网限定产品。所选画面为芸草堂所藏伊藤若冲的图样"未草"，青蛙跳进池水，富有禅意且活泼可爱。

058　彩色胶带

500 日元

有伊藤若冲花卉图、中村芳中[1]小狗图、歌川国芳猫图、歌川广重猫图、北斋富岳三十六景、神坂雪佳元禄舞蹈六大主题，皆为芸草堂所藏图样。

┈┈┈┈┈┈┈┈┈┈┈┈┈┈┈┈

【1】中村芳中与下文提到的歌川国芳均为日本著名画家。

059　朱印账

1800 日元

题材有伊藤若冲的花卉、歌川广重与歌川国芳的猫、中村芳中的小狗等。虽然朱印账在日本是用来收集寺庙神社印章的专用本，但也可以当作经折装的本子来用，非常适合收集签名、印章，也适合当随身携带的写生小手册。

好物 - 12

TOBICHI 手账：为你的时光留下印记

撰文 ◎ 小绿　　图片 ◎ TOBICHI 京都

将一本空白慢慢填满，记录下每天发生的故事与心情。使用手账的过程，就是发现时间足迹的过程。

手账

与日记本不同，手账并不拘泥于文字，大
小事项，信手涂鸦，甚至票据都可以成为
手账的内容。一本手账能够帮你更高效地
规划生活，记录美好时光。

名铺

TOBICHI 京都

TOBICHI 京都是 TOBICHI 品牌于 2016
年 7 月在京都开设的分店，由广告文案作
家糸井重里主办网站"HOBO 每日 ITOI
新闻"经营，主要销售 HOBO 日系列手
账及文具等。

地址：京都市下京区河原町通四条下儿
市之町 251-2 寿大楼 3 层　电话：080-
8457-1101　营业时间：12:00—19:00（店
铺不定休，请参考网站公布的营业时间）
官网：www.1101.com/tobichi_kyoto

. . . .

产品亮点

1. 多种尺寸和设计，能够满足不同需求。

2. 内页采用最适合书写的纸张，不论什
么笔都能顺滑流畅书写。

3. 许多封面可单独购买，会不时和艺术
家推出联名封面。

. . . .

选购锦囊

1. 根据自己日常需求挑选，注意尺寸和重
量，考虑日常携带是否方便。

2. 不同的手账内页设计也不同，挑选时要
考虑是以日程为主，还是以贴纸、绘画为主。

3. 手账皮可单买，可以挑选喜欢的款式
替换。

日本是个"计划大国"。上班族需要记录千头万绪的工作事宜，
主妇们要将每笔开支详细记入家计簿，就连农民伯伯都要每天
记录田地中的作物情况。因此，比一般日记本更具功能性的手
账可谓人手一本了。

除了高桥、能率等知名手账品牌外，著名广告文案作家糸井重
里也开通了自己的网站"HOBO 每日 ITOI 新闻"，并于 2001
年 10 月推出 HOBO 日系列手账。第一批手账采用 A6 尺寸的
文库本大小，纸张轻薄，可 180 度完全打开，方便书写；每日
一页，带有 24 小时时间轴，还附有单位换算表等功能页。这
些特征也都被保留到了今天。

不过，开始销售手账没多久，HOBO 日负责人就发现了手账
的不足。为了不对品牌造成影响，HOBO 日决定再免费赠送
所有顾客一本修正后的新手账。这种诚实的行为得到了大家的
认可，HOBO 日手账也被越来越多的人接受，销量不断增加。
2017 年版的 HOBO 日手账有 79 种封面，共卖出 67 万册。而
2018 年版则更加多样，共推出 95 种封面，好销量指日可待。

HOBO 日手账共有四种规格：最基础的 Original 手账为 A6 纸
大小，方便携带；Cousin 系列使用更大的 A5 纸，不仅可以详
细记录日程，还留有记录突发事件或当日心情的区域；Week

右图：TOBICHI 京都店是一个有趣的正方
形空间

左图：鹿儿岛睦为 TOBICHI 京都店设计
的版画兔子 logo

对于那些沉迷京都韵味的人来说，光村推古书院推出的《京都手帖 2018》手账也是万万不可错过的好物，在京都各大书店均可买到。

光村推古书院称得上是京都资深的出版社了，明治二十年（1887 年）即创业，当时店名为"本田云锦堂"，主要出版各类锦绘（木板彩色刷绘画）作品。到了昭和二十二年（1947 年），继承者本田寿次郎自立门户，成立了美术出版推古书院。十年后，本田寿次郎之子本田钦三继承推古书院，将其打造成长于出版各类画集、图集的专业美术出版社光村推古书院。现在，除了美术作品外，书院的许多出版物都与京都有着密切关联。

专业美术出版出身，光村推古书院自然品位不俗，《京都手帖 2018》的手账单是封面就吸引力十足。除了大方的胭脂花叶图案和简约现代的墨点棱格图案外，还有两种京都限定封面：蓝底白花图案和可爱仙鹤图案。这些封面图都是由京都老铺竹笹堂采用传统的木版印刷技术制作而成。手账内页简约实用，附有京都特产、节日列表、京都地图、京都公交地铁交通图、祭典路线等各类实用信息。

地址：京都市中京区堀川通三条下儿桥浦町217-2　电话：075-251-2888　官网：www.mitsumura-suiko.co.jp

系列外形狭长，内页以周为单位，左页为七天事项，右页为方格纸；Planner 则为英文版，适合不同国家的顾客使用。不过，2018 年 HOBO 日特别推出了一款能用 5 年的手账，低调的单色皮革封面上印有"HOBO 日 5 年手账"和"2018—2022"几个字，让人觉得无比漫长，但又忍不住从心底升起一股小期待。

HOBO 日的成功使得实体店铺成为可能。2014 年，第一家 TOBICHI 在东京开业，两年后，第三家 TOBICHI 开到了京都，店铺兼具贩卖、展览、举办活动的不同功能。功能多，店却小，TOBICHI 京都店开在四条河原町附近的寿大楼里，这是一座颇有历史感的建筑，走过一层的女装店，沿着厚重的木楼梯走到三层，你会发现 TOBICHI 京都店的 logo——由陶艺家鹿儿岛睦设计的版画，上面有两只靛蓝兔子。TOBICHI 京都店是个仅有 27 平方米大，拥有很高天花板的四方形房间，人多时需要领取整理券排队入内，这里也常常因更换商品等原因不定期歇业，所以出发前一定要参考官网公布的营业时间。

至于为什么要开这家店，糸井重里曾这样说："我在想，在京都，可以传达什么样的幸福呢，可以遇到什么样的快乐？如果充分利用小小的空间，也能创造出繁荣吧。我就在这样的店里等大家来。"

060 Week 系列 · A Very Merry Every Day to You

2400 日元

手账封面采用布织，触感柔软而温暖，封面有一只小熊的背影，呆萌可爱。内页采用方格纸，方便书写。"A Very Merry Every Day to You"化用了《爱丽丝梦游仙境》中的歌曲，含有"祝你天天幸福"的美好寓意，也与 HOBO 日的理念相呼应。在相应的日期有世界各地的节日介绍，使用时也一定会让你好奇又开心。

061 陶艺家鹿儿岛睦合作款 · 鸟花柳

封面 3500 日元 / 内页 1500 日元

浅灰色的亚麻上印着鹿儿岛睦在约十年前绘制的可爱小鸟。淡紫色的小鸟在花朵与柳叶的环绕中惬意自得，作者希望使用者在打开这本手账时，也能体会到同样惬意的心情。

062 笹尾光彦合作款 · Books & Flowers

封面 3000 日元 / 内页 1400 日元

封面采用了印象派画家笹尾光彦 1998 年绘制的 Books & Flowers 系列中的一幅画，表现了他最喜欢的画家马蒂斯的画集与盛开的鲜花。笹尾喜欢用浓烈张扬的红色，相信拿着这本手账的人，心情也会变得昂扬向上。

063 Colors 系列 · 紫阳花

封面 1800 日元 / 内页 1700 日元

Colors 系列可谓 HOBO 日的必备版手账，用起来十分顺手。Colors 系列颜色丰富，其中紫阳花版本人气最高。紫阳花在日本人心中是家族团圆的象征，因此紫阳花手账常作为育儿日记或交换日记。表面采用聚酯材料，坚固耐用，还特别设计了蝶形扣防止散开。

好物 - 13

鸠居堂：平安时代的香，千年不变

撰文 ◎ **小绿**　　采访 ◎ **骆仪**　　采访翻译 ◎ **心璐**　　图片 ◎ **骆仪、鸠居堂**　　制图 ◎ **Nath**

鸠居堂的香品，保留了古老的制香配方，不仅是日本皇室御用品，更是文人墨客的心头好。

好物

京香

京香是京都优雅生活的象征，在古代用于祭祀和香道，形式为类似药丸的炼香，放在香炉中以香灰的余温加热，现代多使用线香和香囊。

· · · · · · · · · ·

名铺

鸠居堂

创立于 1663 年，主要经营熏香、文房四宝、和纸制品等。独有日本皇室制香秘方，香品坚持使用纯天然的香木制作，保留着平安时代的味道。

地址：京都市中京区寺町姊小路上ル下本能寺前町 520　　电话：075-231-0510
营业时间：10:00—18:00（周日休息）
官网：www.kyukyodo.co.jp

· · · · · · · · · ·

产品亮点

1. 采用天然香料、传统秘制工艺制香，延续平安王朝御用香料味道。

2. 针对消费者的不同需求，开发出炼香、线香、印香、香木、香熏蜡烛等多种产品，既传统又充满新意。

3. 文房四宝制作精良，来自中国的古砚尤其珍贵。

古色古香的鸠居堂

左图：鸠居堂在传承京香的基础上不断开发新作

古代书生做梦都想着每天能有红袖添香在侧，以解读书论道之劳乏，若他们有机会来逛一次鸠居堂，看到这里能一次买齐香料和文具，应该会很高兴吧。

· · ·

❖　屋号中的大智慧

鸠居堂自宽文三年（1663 年）创立至今，已经走过几百年漫漫长路，名号也是人尽皆知，可是，"鸠居"二字却曾被深深嫌弃过。

治承四年（1180 年），创始人熊谷直心的祖先熊谷直实因军功被源赖朝[1]嘉奖，得赐"向鸠"家纹，于是鸠的形象便成为熊谷家的象征。到了熊谷直心创业时，便取《诗经》中"维鹊有巢，维鸠居之"一句，将店铺命名为"鸠居堂"。

[1] 源赖朝为日本平安时代末期至镰仓时代的著名政治家。

到了四代目熊谷直恭时，直恭觉得这一名字颇有"鸠占鹊巢""借住别家"的不雅之意，便向常来店铺光顾的学者赖山阳请教，"鸠居堂都已经传承四代了，我努力经营自家的店铺，为何还要顶着好像鸠占鹊巢的名号呢？"

赖山阳答道："无论国还是家，无一不是传承自祖先，所以这其实并不是你原本所有的东西，而是借住在祖先的家业之中。国家或店铺，一旦认为是自己的，就有可能随意处置，迎来衰败。唯有时刻牢记这些都是借用祖先之物，才会谨小慎微将其打理好。"

此番对话被赖山阳记录在《鸠居堂记》中，鸠居堂的后辈们也时刻谨记家训，怀着谦卑之心对待每位客人。

· · ·

更多好物

松荣堂·线香

拥有 300 多年历史的松荣堂已传承至第
十二代。松荣堂为京都许多寺庙提供定制
香,此外还有茶会用香木、和室用高级线香、
日常生活用香等,香味多达 300 种。顾客
可以从数十种香包和三种香味中自由选择,
搭配起来做成香囊。

松荣堂·京都本店

地址:京都市中京区乌丸通二条上东侧　电
话:075-212-5590　营业时间:9:00—
19:00(周六至 18:00;周日及节假日至
17:00)　官网:www.shoyeido.co.jp

❖　独一无二的香老铺

虽说四代目熊谷直恭年轻时厌恶过自家的招牌,但他是对鸠居堂影响颇深的当家。他在与赖山阳等文人墨客的交往中,开始研究如何制作笔墨,力求做出比中国更好的笔墨。他还是个热衷于社会公益的人,曾开办种痘所对抗霍乱。可命运就是让人捉摸不透,熊谷直恭最后死于霍乱,结束了自己多彩的一生。

鸠居堂在他的铺垫之下继续前行,京都香老铺不少,但既制香又制文房用具的唯鸠居堂一家。又承蒙熊谷直恭及其后人关注社会公益的余荫,到了明治十年(1877 年),太政大臣三条实美将传承九百余年的宫中御用调和香的制香法悉数传授给了八代目熊谷直行。鸠居堂也在东京设立了分部,照应日本皇室的需求。

京都诸多香老铺,制香的配方各有千秋。即使同样是白檀线香,各家的味道也有细微差别。鸠居堂香品的独特之处,不仅在于有日本皇室秘方,更因其传承下来的平安时代的香味。从前鸠居堂把薄荷、蜂蜜加在香料里做成炼香,用于香道闻香;现在则做成线香,用于家居燃香。"虽然形式和用途变了,但使用纯天然香木的传统没有变,平安时代的味道也没有变,这是鸠居堂始终坚守的东西。"鸠居堂的田中勇辅说。疲惫的时候,等待一缕穿越千年的幽香,于是身边不再是每日的蝇营狗苟,而是平安京的雪月风花。

除了传统的线香、蚊香、炼香、香囊外,鸠居堂也一直在思考能否扩展香的使用范围和场景,后来研制了西式的香熏蜡烛。蜡烛散发的香气飘浮在鼻子上方,是可以抱着轻松心态来使用的香,它能持续燃烧 72 小时,相比线香时间更长,价格也更低廉。虽然形式是西方的,但配方依然采用了东方的白檀等香型。其中"杨贵妃"香型颇受欢迎,田中勇辅说:"制香师是怀着对美丽高贵女性的想象来制作这款香熏蜡烛的。"

制作步骤

线香

1. 挑选天然香料。

2. 将香料打成细碎粉末，并用筛子筛滤出最细腻的部分。

3. 按适当比例混合香粉，加水搅拌均匀。

4. 将拌好的香粉挤压成条，置于理香板上。

5. 将一根根香条码齐摆直，裁成长短一致的线香。

6. 风干收香。

......

选购锦囊

1. 香品分为香道用（炼香）与家用（线香、香囊、香熏蜡烛），可根据用途选购。

2. 店员会根据客人的期望推荐香型，也可以选自己闻着喜欢的味道，至于店里最受欢迎的产品倒未必适合自己或者要赠送的人。

3. 如果用在比较小的房间，线香的味道飘散得慢，可选购少烟款的线香。

a

b

c

d

e

f

g

h

香料

a. 梅花龙脑

龙脑即中药中常见的冰片，由龙脑樟枝叶经蒸馏并重结晶等方法制成，以梅花龙脑为佳。气味清香，有清凉感，可用于制香、制墨、防虫等。

b. 琥珀

远古植物树脂埋于地下，石化后形成琥珀。琥珀的硬度低，质地轻，手感温润，有宝石般的光泽，含有琥珀酸等物质。

c. 零陵香

中国产香料，由樱草类植物晾晒而成，具有十分浓郁的香气。在香料中添加零陵香，可使全体香气愈加深邃悠长。

d. 吉草根

由女郎花的根晾晒制成。女郎花是日本"秋之七草"之一，常作为诗歌意象，香气浓郁独特。

e. 锡兰桂皮

由产于斯里兰卡的樟科常绿乔木锡兰肉桂的内皮制成。锡兰桂皮是极好的香料之一，香气中除了清爽的甘味之外，还能闻到些微苦味及辛辣味。其挥发油中含有桂皮醛及丁香酚等。

f. 白檀

具有寄生根的常绿小乔木。日本将印度产的白檀视作最高级品，称其为"老山白檀"。白檀自古以来就作为香料使用，香气清甜且具有防虫功效。

g. 乳香

最古老的香料之一，由橄榄科常绿乔木乳香树的树脂制成，分为索马里乳香、埃塞俄比亚乳香等，有奇异香气。乳香表面为黄白色，呈半透明状，保存时间越长，颜色越深。破碎的一面有类似玻璃或蜡的光泽。

h. 沉香

主要分布在东南亚及中国南方地区。沉香木在自然或人工环境下分泌树脂，形成沉香。倒伏后陷埋于沼泽之中，经生物分解形成水沉。沉香自古以来就是名贵香料，具有净化空气、舒缓身心之效。

除了种类繁多的香品，鸠居堂的笔墨也拥有上乘质量。最初熊谷直恭与赖山阳等学者一起研究开发，从砚台到纸笔，力求做得像中国产品一样优质，并渐渐发展成今天香品与文具并重的格局。鸠居堂的毛笔有两百多款，以羊毫、狼毫为材料制作，软硬搭配不同，每款毛笔下方都仔细标明了笔毛的材质和适合书写的场景，还拥有"时晴""神洲""桃花"等风雅的名字。田中勇辅介绍，在古代，毛笔是很稀罕的东西，通常由饱学之士定做，定做时会取一个自己喜欢的名字刻在笔管上，这些名字就流传了下来。另外值得一提的是，鸠居堂销售的古砚均为中国产，相当稀有，在中国已经很难找到了，所以也有不少中国书法家专程来鸠居堂购买。有一款"旧端溪砚"，价格高达23万日元。

右上图：纸张 雅游笺
右下图：鸠居堂制笔历史悠久

<u>064</u>　巾着香包

500 日元

共有红、黄、蓝、绿、青五种颜色的包装，内含香料，可以随身携带，也可放在衣柜、抽屉等处作为熏香使用。

<u>065</u>　线香·六种熏物

8800 日元

三条实美传授的配方，从平安时代延续至今，为鸠居堂特有。香气十分特别，包括黑方（新年）、梅花（春）、荷叶（夏）、菊花（秋）、侍从（冬）、落叶（冬）六种，蕴含着四季的韵味，是日本美学意识的展现。

<u>066</u>　线香·白檀 / 茉莉 / 薰衣草 / 柚子

1000 日元 /20 支

鸠居堂的小包装线香有数十种香型，分别是东方香木、香水、西方花草、果实四类。其中白檀香是鸠居堂最受欢迎的线香之一，主调的白檀与数种辅香的味道融合在一起，散发出甘而不腻、清新爽快的香气，十分适合居家使用。白檀和薰衣草都能让人放松心情，柚子和茉莉花香型则可增添活力。

<u>067</u>　线香·笑兰香

短款 5000 日元 / 长款 6500 日元

鸠居堂的独有香型，使用品质最佳的沉香制成，配方与明治时代完全一致，充满韵味。沉香特有的深邃香气随着线香的燃烧渐渐扩散到整个空间，能够让人心生安然。最早的产品是比较长的线香，十几年前又出了短的版本，更符合现代人的使用习惯。

好物 - 14

宫胁卖扇庵：花逐轻风次第开

撰文 ◎ 小绿   图片 ◎ 宫胁卖扇庵

诞生于平安时期的扇子点缀着日本人的一生，在京都永不过时。

好物

京扇子

纯手工用心制作，精致耐用；尺寸、图案
丰富多样，不同性别、年龄、身份的顾客
都可以在此找到心仪的扇子；除了日常消
夏外，还可作为典礼、歌舞伎表演的重要
道具。

· · · · · · · ·

名铺

宫胁卖扇庵

创立于文政六年（1823 年），是京都乃至
日本首屈一指的京扇子老铺，其设计制作
的京扇子不仅是夏日清凉好物，也作为京
扇子的历史传承备受推崇。

地址：京都市中京区六角通富小路东入儿
大黑町 80-3 电话：075-221-0181 营业
时间：9:00—18:00（夏季至 19:00） 官
网：www.baisenan.co.jp

· · · · · · · ·

产品亮点

1. 纯手工制作，扇骨均匀，不同的尺寸、
重量适合不同的人使用。

2. 手绘扇面图案丰富，精描细绘。

在日本，只有折扇才被称作"扇子"，唐代传往日本的中国团扇被称为"うちわ"（Uchiwa）。折扇是从中国传入日本，还是分别诞生于中日两地，目前尚无定论。日本扇子的历史可以追溯至遥远的平安时代初期，当时人们将多片薄薄的木片绑在一起，即为日本扇子的雏形，平安京也就是今日京都生产的扇子就叫"京扇子"。后来，桧木制作的扇子与竹扇、纸扇等相继出现，扇子成为人们日常生活中的重要道具。

最初的日本扇将扇骨贴在扇面一侧，名为"蝙蝠扇"。后来，镰仓时代的禅僧将这种折扇带到中国，在中国演变成扇骨隐藏在扇面之中的"唐扇"，唐扇又传回日本，为京扇子定下了规制。

扇子并不单单用来祛暑消夏，更是茶道、歌舞伎、狂言、祭典等的必备道具。茶道以扇子代屏风，艺伎的扇子随振袖翩翩舞动，狂言家的扇子开合点睛……扇子已俨然成为大和文化的重要意象符号。京扇子是京都的绝佳代表之一，洛中四季风物及种种美好都可以被画师留存在扇面上，摇起扇子，似乎那些微风也来自古都。

· · ·

❖ 店面宛如书画展览馆

穿过市井气息十足的锦市场向北走，进入安静的巷弄，就来到了宫胁卖扇庵的京都本店。店铺是传统的町屋，古老而幽深，门口展示着资深匠人制作的获奖京扇子。推开门，店内肃静的氛围立刻让人感受到独属于京都老铺的威严与矜持，但没关系，店内陈列着的各式美好扇子会让你立刻忘我。

宫胁卖扇庵本店共两层，一层是日常使用的扇子，二层主要陈列功能性的扇子，如踊舞扇和茶席扇等。扇子分为男士用与女士用，前者比后者尺寸略大，手感更沉稳，图案也有区别。有入门级的轻质纸折扇，也有扇骨镶嵌珠宝或精密描漆的高级美风扇。扇骨多为竹制，长短厚薄不一，不同的尺寸重量适合不

京扇子多采用吉祥意象，在京都人的生活中不可或缺

左图：宫胁卖扇庵门口经常展出制扇大师的作品

更多好物

阿以波·团扇

与京扇子不同，团扇从中国传入日本后主要用于宗教及朝廷仪式，江户时代后普及，被视为拥有驱魔结缘的功效，因此常被当作礼物。阿以波是元禄二年（1689 年）创立的老铺，迁至现在的店址已有 200 年，其制作的团扇精致华美，常在世界各地的画廊展出。

地址：京都市中京区柳马场通六角下儿　电话：075-221-1460　营业时间：9:00—18:00（周六营业至 12:00，周日及节假日休息）　官网：www.kyo-aiba.jp

云砂扇

由京都知名画家共同创造的天井画

同的人。扇面图案更是丰富，日常如十二生肖，娟秀如四时花鸟，勇猛如黑虎游龙，不同的客人都能在这里找到最喜欢的图案。

我拿起一把扇骨极细的云砂扇，它的特别之处就在于扇面，云砂的扇面图案并不具体，纸上几团弥漫的绿云，上面撒了细密的金粉。宫胁卖扇庵的董事南忠政告诉我，这种扇子属于踊舞扇，要配合艺伎的舞蹈动作，只有图案富于流动性，才能更好地衬托出舞蹈的主题，那些图案精致具体的反而不及它好。

在宫胁卖扇庵，你需要关注的并非只有扇子。因为扇子与艺术的紧密关系，宫胁卖扇庵的历代经营者与文人墨客交往颇深，店铺也宛如一个充满历史风韵的展览馆。店名是明治二十年（1887 年）由日本画家富冈铁斋所取；楼梯转角处巨大的商标"美也古扇"四字是 19 世纪伯爵诗人冷泉为纪的手迹；二层墙上展示的许多古老扇面是日本著名画家纪广成、北大路鲁山人等人所画；巨大的天井画则是 1902 年时由铁斋、栖凤、直入等京都画坛 48 位名画家精心绘制而成，一览天井画，便可以了解精致又秀丽的京美术的过去。一些历史画作也成为扇面创作的灵感，喜欢京美术历史的人，不妨寻一把相关图案的扇子带回家中。

. . .

❖ 极致的手工之美

据说，一把扇子从开始制作到最终制成，要经匠人之手八十七回，大大小小的工序有二十余道。大体来分，就是制作扇面、制作扇骨以及骨面组合。说来简单，但每一步都是经验丰富的匠人靠双手完成的，每一把京扇子都承载了匠人们的心血。宫胁卖扇庵合作的匠人散居在京都各处，自己的家如同一个独立的部件工厂，每人负责自己最擅长的部分。

考验匠人们手艺的地方不少，制作扇骨的第一步"胴切"就不容易，胴切指的是将竹片打磨成需要的尺寸及厚度，匠人们将厚竹片一点点磨薄,颇有点"只要功夫深,铁杵磨成针"的意味。胴切不仅考验一枚竹片能否厚薄合适,更考验匠人们能否磨几百枚依然保持一致。对厚薄重量的些微差别之敏感,是常年经验的沉淀积累。

许多人对扇骨的弧度颇有兴趣,其实这也是扇骨制作过程中的一大难点。数百枚竹片紧紧排列在一起,在水中浸泡两三天后,用特殊形状的刀具飞快地推过去,必须一气呵成不间断,才能使所有的扇骨拥有相同的弧度。温柔的曲线反而需要最锋利、最果敢的打磨,这也许就是手工业中的大智慧吧。

扇面画起来也不容易,与其他画作不同,扇子上的图案与文字不是在平面上展示,而是在一折又一折的面上展示,有的扇子甚至能达到七十道折。因此,纸张平铺时也需要考虑变成扇子后的呈现,对图案的疏密大小又是新的要求。宫胁卖扇庵坚持手绘,他们希望以此保护老工艺,同时保护老匠人。

虽然前面的步骤已经很难了,但南忠政告诉我,最难的还是扇面与扇骨的组合。扇面由两层和纸与一层极薄的芯纸组成,匠人们需要将被和纸夹住的芯纸小心分为两层,再将扇骨插入其中。这要求芯纸不能分破,否则扇骨会损伤和纸的画面,扇骨插入后也几乎不能移动,因此十分考验匠人的功力。南忠政为我讲述扇子的制作过程时不断强调匠人们厉害的手工,可见他对京扇子的由衷自豪。

‧ ‧ ‧

❖ **日本人的一生都离不开扇子**

宫胁卖扇庵与许多老铺不同,它的店里只卖扇子及相关制品(扇架、扇套等),经营者也没有拓展其他业务的念头,唯一比较现代的就是老铺与 Hello Kitty 及日本著名漫画家冈野玲子合作,推出了 Hello Kitty 与《阴阳师》图案的限量版京扇子。

制扇

限量版《阴阳师》扇子

上图：绘扇 彩赤枫

下图：饰舞扇 御所车与秋草

手工制蕾丝扇

我问南忠政："难道不想做些别的？"他微微一笑，对我说："能守护好本来的扇子就够了。"在宫胁卖扇庵人的眼中，传承好京扇子的传统工艺，做好京扇子，就是他们的使命。南忠政也强调，在京都，扇子总是不过时的。

的确，京扇子从京都发源，到了江户时代，制扇已经与制冠、制作乌帽并称为"京之三职"，十分荣耀，而扇子也在显贵与庶民的生活中普及开来。即使是现在，扇子在日本人的生活中也不可或缺。我似乎无法想象还有什么物品能像京扇子一样，在兼具实用性与美感的同时，拥有丰富的内涵与意义——孩子们第一次参拜神社要供奉扇子，七五三节[1]的典礼上也要带着扇子，平时还有"投扇兴"[2]的游戏。在京都，庆祝孩子13岁的"十三参"上，父母会将孩子用的童扇换为大人扇，以庆祝孩子长大。日本传统的结婚仪式上，新娘手持的不是捧花，而是一把扇子。在茶道中，合起的扇子横放在膝前，表示谦逊……扇子就这样，点缀着日本人的一生。相比之下，虽然扇子在中国的历史也很悠久，在现代生活中却可有可无了，从京都买回一把京扇子，是否能让我们的生活多几分精致和仪式感呢？

【1】七五三节：每年11月15日，为三岁、七岁的女孩与三岁、五岁的男孩而举办的儿童节。

【2】投扇兴是日本传统游戏之一，即掷出扇子将台上的目标物击落即胜利。

采访结束之后，南忠政带我在本店附近转了转。他停在一处日本料亭的门口，说："这是我们店的旧址，当年搬家的时候，能搬走的都搬走了，一点木料也没落下，几乎把房子平移到了现在的地址。"

如同没有遗漏每一块木料一样，他们也没有遗忘传统京扇子的每一分美丽。满屋的旧木料光亮如新，满屋的扇子也都完美无缺，或许这就是与老铺一起成长的人对老铺的爱意吧。

068　上扇·小樱（女用）

3000 日元

金色的扇面与淡粉色的樱花相得益彰，
如同少女般天真烂漫。扇子拿起来十分
轻便，适合日常使用。

069　京趣扇·松原富士（男用）

7500 日元

巍峨的富士山与苍茫的松原，在画家潇
洒不羁的笔触下显得格外雄壮有力。

070　美风扇·天丸螺钿（女用）

50000 日元

宫胁卖扇庵的高级系列，除金鱼外还有
葫芦、花笺等多种图形。螺钿是一种特
殊技法，即将贝母、夜光贝等加工平整
后切割、雕刻成不同图案，镶嵌在扇骨
的两侧。扇骨整体涂有漆料，十分高档。

071　美风扇·文字时绘·翠鸟（男用）

20000 日元

该系列有鸳鸯、鲤鱼、蛙鸣、翠鸟四种
图案，花色更为内敛，手感也更为厚重，
适合温柔稳重的男性使用。时绘技法类
似于描金，即将金粉、银粉、锡粉等涂
描在绘制完成的图案之上，使得扇面更
加华美。

好物 - 15

京东都：一针一线的手作小幸福

撰文 ◎ 小绿　　图片 ◎ 京东都

京东都设计的和片小巧别致，图案栩栩如生。只要用着和片，即使身在远方也能想起京都吧。

清水寺附近的老街上小店鳞次栉比，京东都本店就在游人如织的坡道一侧，门口栽着两棵小树。

京东都本店的房子年代久远，地板踩上去吱吱作响，一面墙上密密麻麻摆满了和片，这是京东都的招牌商品。和片其实就是刺绣纹章，不仅好看而且实用，可以将其缝制到不同地方，遮盖清洗不掉的污渍，或是为一件单调的衣服增添亮点。

京东都设计贩卖的和片更加方便，背面采用毛毡材料，可以利用热熔胶迅速将和片贴合在衣物上，即使不会针线手工的人也可以快速完成自己的作品。是的，京东都只完成了一件作品的99%，最后需要使用者亲自将和片贴在自己想贴的地方。只有这样，制作过程才算真正完成。

在京东都，除了可以享受自己动手的过程外，从种类繁多的和片中寻找并发现有趣的图案本身就是一种莫大的乐趣。古典的洛中洛外图能将人的思绪带回古老的平安时代；百鬼夜行系列的各种妖怪则增添了一丝丝诡异却有趣的氛围；如果喜欢美食，则一定不能错过最能体现日本料理丰富精致特点的和果子和寿司图案；京野菜、水果、花朵、鸟类、金鱼，这些充满自然感的意象则既朴素又亲切，贴在衣服上一定非常可爱。

右图：京东都位于去往清水寺的必经之路上

左图：京东都推出了不同系列的和片，十分有趣

制作步骤

1. 在底布上描绘图案。

2. 用深色线沿图案缝制轮廓线。

3. 用相应颜色的线填充轮廓内区域（难点在于刺绣要平整，颜色过渡要自然）。

4. 和片背面贴好羊毛毡，裁剪修正。

· · · · · · · · ·

选购锦囊

1. 注意丝线是否平整，花纹是否清晰自然。

2. 选择季节和节庆的主题商品能给你的日常生活带来季节感。

不仅如此，京东都还与《名侦探柯南》等著名动漫合作，推出了和片、毛巾等周边产品，增添了有趣的新潮体验。店内按照季节更换的主题作品也十分别致——春天的图案自然是烂漫的樱花；夏天，金鱼和蔚蓝的风铃带来凉意；秋天，橱窗前摆着各类蘑菇、柿子等图案；到了冬天，有关新年的祝福则成了创作的主题。产品常新，不变的却是京东都希望保留传统工艺，同时让人们的生活细节变得生动而有趣的美好愿景。

除了各式各样的和片外，京东都还有许多好物值得带回家：和风小纹的零钱包、绣有清水寺四季风景的柔软毛巾，以及妖怪版本的晴天娃娃等。爱美的女孩子还可以买下自己喜欢的和片，直接请店员帮忙做成耳环，美美地戴上去逛清水寺。

京东都就是这样一间挤挤挨挨的小店，热热闹闹的，好像妖怪、蔬菜、水果、和果子每天都在店内聚会一样。在这些小小的手作中，能够令人品味到对生活的真诚热爱。只有认真对待生活，才会注意到每一个细节，才会希望随时传达出幸福的信号。

京东都店面不大，却有各种有趣的手工作品

072

073

074

075

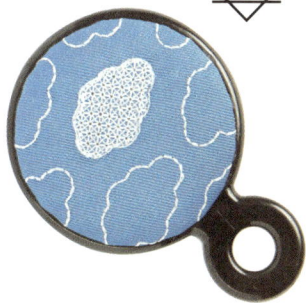

076

072　绣片装饰·南禅寺

9000 日元

绣片装饰属于洛中洛外图系列，是日本
特有的远景屏风画。本款刺绣的图案为
京都著名赏枫胜地南禅寺·永观堂一带。

073　和片·名侦探柯南与怪盗基德

600 日元

柯南迷不可错过的和片作品，共六枚，
分别是柯南、小兰、服部平次、怪盗基
德、赤井秀一和安室透。

074　和片·海胆军舰寿司

500 日元

海胆军舰寿司是日本人非常喜爱的寿司
之一，冬季的白海胆或夏季的赤海胆都
非常鲜美。把寿司和片缝制在围裙或便
当袋上，每天提醒自己享受美食、热爱
生活吧。

075　刺绣耳钉·朝颜花

1500 日元

在日本，朝颜花象征着牢固的爱与羁绊。
京都的刺绣耳钉小巧别致，朝颜花典
雅灵动，似乎真的盛开在耳畔。

076　刺绣便携镜子·云

1000 日元

日常携带用的小镜子也可以做文章，天
蓝色的纹理与匠人精心刺绣的云朵搭
配，小镜子立刻变得与众不同。

好物 - 16

白凤堂：清风拂面，似水流年

撰文 ◎ **小绿**　　图片 ◎ **白凤堂**

职人手工制作的刷毛立体柔软，是对皮肤最温柔的呵护。

好物

手工化妆刷

使用天然动物毛发手工制作而成，刷毛柔软亲肤。

. . . .

名铺

白凤堂

1974 年创立，是日本最知名的化妆刷品牌之一，曾荣获日本内阁总理大臣表彰的"日本制造业大赏"等奖项。

地址：京都市中京区寺町通二条上ル要法寺前町 715-1　电话：075-253-1245　营业时间：10:00—18:00　官网：www.hakuho-do.co.jp

. . . .

产品亮点

1. 每支化妆刷均为熟练职人纯手工制作而成，刷毛立体柔软，上妆效果好。

2. 产品种类丰富，可以满足化妆的全部需求。

还记得小时候偷偷拿起妈妈的化妆品往脸上乱抹一气的尴尬，也记得出席重要活动前细细描眉画眼的认真从容。化妆让自己变成精致的大人，是女人的铠甲。很多女生会精挑细选彩妆产品，但对化妆工具则不大讲究。其实，优质的化妆刷不仅能让你的妆容自然服帖，柔软的刷毛在脸上拂过，那种被呵护、被温柔对待的感觉更是十分治愈。2017 年秋，美国总统特朗普长女伊万卡访日，日本首相安倍晋三赠送的国礼里，就有一套白凤堂的化妆刷。

白凤堂被誉为全世界最好的化妆刷品牌之一，创立于 1974 年，虽然工厂在广岛，却选择把本店开在京都。它拥有与京都制造同样传统、典雅、好用的内核，是你在京都不可错过的好物。白凤堂京都本店是一座外观低调、古今融粹的二层建筑，坐落在颇受文人墨客青睐的寺町通二条上。这条街道是文房四宝、美术古董、咖啡店铺林立之所，以风格沉静著称，有象彦、清课堂、一保堂茶铺、纸司柿本等多家老店，而镰仓时代歌人藤原定家的宅邸遗址就在白凤堂本店附近。店铺内部空旷典雅，处处彰显着极简风格：浅色原木镶满整面墙壁，刷具与笔按照颜色尺寸有序排列，天花板灯箱投下柔和的光线。该建筑也获得了京都市颁发的"京都景观赏"建筑类鼓励奖。

右图：店内空旷而典雅，可以在此从容挑选各类化妆刷

左图：白凤堂以画笔起家，却因化妆刷享誉国内外

制作步骤

1. 挑选刷毛。

2. 整理长短。

3. 混合刷毛。

4. 制穗并整理刷毛形状。

5. 插入刷笔固定。

6. 质检。

· · · · · · ·

选购锦囊

1. 白凤堂的 S 系列是颇受欢迎的经典系列，颜值高、易上手，尤其适合化妆新手。

2. 想要化妆刷更耐用，除了必要的清洁外，更好的方法其实是每天使用，手与刷子会越来越契合。

3. 清洁化妆刷时要注意使用中性洗剂，不可大力揉搓；唇刷、眉刷等比较硬的刷子可在用完后用纸巾或毛巾轻轻擦拭干净。

虽是以制造和笔、画笔等书画用笔起家，这些笔却已不是白凤堂的产品重点。大约从 2000 年起，在每月生产的 50 万支笔中，有 95% 是化妆笔类。白凤堂的工厂位于制笔历史约 200 年的广岛县熊野町，条件得天独厚。令人惊叹的是，高达 50 万支的月产量竟然不是由机械自动化实现，白凤堂使用传统手工艺，对制笔工程进行了道具化与细分化，研究出一套笔芯制造法，于 1996 年获得专利。具体来说，工匠们拿到严格挑选的刷毛后，还要进一步筛选，去掉弯曲、倒逆等不合格的毛，将剩余的好毛削成不同长短，同时按照用途，混合不同种类的毛，保证软硬适中。将刷具的毛基本做好后，插入刷笔中封口并整理形状，一支化妆刷才算真正做好。在机械化普及的今天，白凤堂的每支刷子却依然依靠技术纯熟的工匠亲手制作。机器不可替代人手之处就是感觉，对每一支笔、每一支化妆刷的亲手感触，保证了产品稳定的品质。

对于白凤堂来说，不论是画笔还是化妆刷，都是手指的延伸，能够更加准确、更富艺术性地表现手之不能。笔尖的毛是笔刷的灵魂，每支刷子的毛尖都由职人精挑细选，再用心修整成最合适的形状。对于女性而言，化妆刷日日与自己最娇嫩的面部肌肤接触，因此其选用的毛十分重要。白凤堂了解使用者的需求，将笔刷进行了立体化处理，当刷子以适当的角度划过皮肤时，能保持柔软且上色均匀。白凤堂的化妆刷不仅是化妆道具，在某种程度上，它甚至是"自我实现的道具"。凭借品质精良的手工化妆刷，白凤堂先后荣获日本内阁总理大臣表彰的"日本制造业大赏"，日本经济产业省颁发的元气制造中小企业 300 社、优秀设计公司、优秀供货商奖等多项荣誉。

078

077

079

080

081

077 基础三支套装

7800 日元

包括 B110、B004、B005 三支刷子及一个牛皮制的化妆刷收纳包，可满足基础化妆需求，不脱色，是广受欢迎的人气商品。

078 Misako 便携式化妆刷套装（5 支）

19400 日元

白凤堂的畅销商品之一，自发售以来好评不断，包括散粉刷、高光刷、便携眼影刷、眉刷、唇刷以及化妆包。采用经典的红金搭配，即使在忙碌的差旅途中也能让你保持精致妆容。

079 S104·圆头散粉刷

10300 日元

毛种为山羊毛，毛长 50 毫米，厚度为 20 毫米。S100 系列是白凤堂的经典之作，刷毛柔软，呵护皮肤。接口处采用 24K 纯金，尊贵典雅。刷杆尾端加粗，设计独特，使用更为上手。

080 S126 眼影刷·圆平头

4300 日元

毛种为黄鼠狼毛，毛长 14 毫米，厚度为 3.8 毫米。毛质好，显色度高，轻刷几次即可达到很好的效果。

081 S170 唇刷·平头

3500 日元

毛长 10.5 毫米，厚度为 2.9 毫米。贴合唇部曲线，无论是描唇线还是填充唇部颜色都十分好用。

好物 - 17

京都美人的秘诀

撰文 ◎ **小绿**　　插画 ◎ **橙七**

京都总是不乏古典美人，与她们的气质相匹配的，是那些包装雅致、意味古朴的护肤品牌。

除了到药妆店扫大众货外，挑选几件京都特有的护肤品，不论是自用还是送礼都能彰显你的品位。

以下的推荐单品除了可以在各品牌的本店购买外，在许多百货公司及药妆店都可以买到。

082　Nursery 身体磨砂膏

2800 日元 /250 克

Nursery 除了柚子味卸妆产品特别有名外，身体磨砂膏也十分好用。这款身体磨砂膏荣获 2016 年度美容大奖，同样带有淡淡的柚子香气，能够让清洁的过程成为舒缓身心的享受。

‥‥‥‥

Nursery 京都本店

地址：京都市下京区绫小路通柳马场西入ル　电话：075-371-1728　营业时间：11:00—17:00（周三休息）　官网：nursery-beauty.com

083　よーじや（YOJIYA）吸油纸

1630 日元 /100 张

よーじや始创于 1904 年，鼎鼎大名的艺伎吸油面纸就是其明星产品。除了普通吸油纸的功能外，这款吸油纸中还特意添加了蜜粉成分，在吸去多余油分的同时还能补妆，一举两得。本店内贩卖的背面有艺伎卡通头像的小镜子也很小巧，适合放在包里以备补妆之需。

‥‥‥‥

よーじや 京都本店

地址：京都市中京区新京极游花游小路　电话：075-221-4626　营业时间：11:00—19:30（元旦休息）　官网：www.yojiya.co.jp

084　京都ちどりや（Chidoriya）小豆黑糖洁面皂

1800 日元 /57 克

ちどりや的小豆黑糖洁面皂是京都女士，乃至艺伎们爱用的有机护肤品。包装十分用心，纸袋、红线与小鸟的设计更是充分展现了传统的和风韵味。小豆黑糖洁面皂成分天然，能够温和地清洁肌肤。此外，店内还有和风发饰等许多别致的商品。

‥‥‥‥

京都ちどりや 银阁寺店

地址：京都市左京区净土寺上南田町 65-1　电话：075-751-6650　营业时间：9:00—18:00（周四休息）　官网：www.kyotochidoriya.com

085 京都上羽绘惣天然胡粉指甲油

1300 日元 /10 毫升

创立于 1751 年的上羽绘惣老店本是卖画具的，但它制作的化妆品，口碑一点不输别家。由上等贝母粉等制作而成的天然胡粉指甲油，不同月份对应不同色彩，还经常推出限定款新品。枞常盘、云居，每种颜色的名字都典雅而别致。涂上淡淡的天然指甲油，才能说自己"爱不释手"吧。

· · · · · · ·

京都上羽絵惣

地址：京都市下京区东洞院通高辻下ル灯笼町 579   电话：075-351-0693   营业时间：9:00—17:00（周末及节假日休息）官网：www.gofun-nail.com

086 京乃雪脸部按摩膏

6800 日元 /120 克

京乃雪十分注重产品的安全性，力求舒适天然。脸部按摩膏是京乃雪的当家产品之一，含有 27 种汉方植物萃取物与海盐、蜂蜜等，混以京都鞍马的优质泉水，保湿功效卓越，缓缓按摩面部，能够还原肌肤本身的柔软与通透，香气清雅，按摩的过程本身就是一种享受。

· · · · · · ·

京乃雪

地址：京都市中京区二条通油小路东入ル西大黑町 331-1   电话：075-256-7676   营业时间：10:00—18:00（周三休息）官网：www.kyonoyuki.com

087 京都しゃぼんや（Shabonya）多口味润唇膏

1500 日元 /5 克

京都しゃぼんや联合祇园辻利茶庄、小川咖啡、山田制油、Dari K 甜品店等名店，合作推出了抹茶味、咖啡味、芝麻薄荷味和巧克力味的唇膏，千万不要错过这个将美味留在唇上的好机会。しゃぼんや的手工小香皂都是晶莹剔透的和果子造型，绝对能让少女心爆棚。

· · · · · · ·

京都しゃぼんや

地址：京都市中京区三条町高仓东入枡屋 55   电话：075-257-7774   营业时间：10:00—19:00   官网：www.shabonya.com

088 かづら清老铺（Kazurasei）特制椿油 限定 京都

1800 日元 /100 毫升

椿油是日本女性的传统护理用品，始创于庆应元年的かづら清老铺是日本知名的椿油专卖店，致力于护理女性美丽的头发与肌肤。其贩售的椿油都是选取日本有机栽培的椿树籽，在自家工坊压榨制作，品质极佳。本款特制椿油是五岛产，限定京都发售，淡淡的香气中带着低调的优雅。

· · · · · · ·

かづら清老铺 祇园本店

地址：京都市东山区四条通祇园町北侧 285   电话：075-561-0672   营业时间：10:00—19:00（周三休息）官网：www.kazurasei.co.jp

好店

好店 - 01

SOU·SOU：和风潮牌，传统又时尚

撰文 ◎ 林奕岑　　图片 ◎ 林奕岑、SOU·SOU、芥末

和服、风吕敷等昔日和风元素如何融入现代生活？ SOU·SOU 交出了一份最时尚的答卷。

好店

SOU·SOU

创立于 2002 年，在改良日本传统服饰的
基础上进行创新设计，发展出鞋袜、服装、
布袋、运动衣饰等多个系列，其中以分趾
鞋袜和布袋为核心。

本店地址：京都市中京区新京极通
四条上ル中之町　电话：075-221-
0020　营业时间：11:00—20:00　官网：
sousounetshop.jp

· · · · · · · ·

店铺亮点

1. 传统图案与现代设计的完美结合，产品
种类丰富，花色活泼多样，令人眼花缭乱。

2. 不同系列各自独立成店，构建起自成一
体的 SOU·SOU 区。

3. 与日本国内外诸多品牌合作，产品富于
新意。

京都不仅是最能代表日本传统文化的古都，更是频繁接触海外
新文化的都市。一身傲骨的京都人在守护传统的同时，热情拥
抱新事物，勇于创新。诞生于京都的品牌 SOU·SOU 可谓个
中翘楚。

SOU·SOU 由三位京都人，即社长若林刚之、织品设计师胁
阪克二与建筑师辻村久信创立于 2002 年。2003 年在东京开设
了第一家店，2004 年在京都开了第二家店。品牌名称的发音
近似日语"十数"，意指国际通用的阿拉伯数字。SOU·SOU
还与日语"そうそう"同音，意为"对，就是这样"，是日本
人日常对话中表示认同的常用语。

· · ·

❖　自成一体的 SOU·SOU 区

SOU·SOU 的店虽然位于繁华热闹的河原町四条通一带，但
不在大马路上，而是在小巷子里。旗下每个产品线，如足袋（鞋
袜）、伊势木棉、着衣（女装）、倾衣（男装）、童装、布袋（含
染织布匹）、Le Coq Sportif（与法国联名合作的西式休闲运动
衣饰系列）等都独立成店，在路口设立指路牌，宛如自成一体
的 SOU·SOU 区。其中以足袋建筑物最为醒目，从门口的水
泥花盆到室内的设计，都以阿拉伯数字为主题。

左图：SOU·SOU 布袋店

SOU·SOU 的鞋子造型别具一格

布包材质柔软，实用性强

以"创造全新的日本文化"为核心，SOU·SOU 的品牌魅力就是以独树一帜、丰富多变的各式图案设计为基准，制作"保留传统，又适合现代生活"的各项商品。SOU·SOU 将过去在日本人生活中扮演过重要角色的和服、风吕敷、擦手巾、白色分趾袜等注入现代元素，并配合现代人的生活形态进行改良，由此诞生了 SOU·SOU 的招牌产品分趾袜与分趾鞋。而近年来备受海外观光客喜爱的布袋系列，则是由风吕敷创新而来。

SOU·SOU 独特的数字系列、表现日本家传纹饰的家纹系列、展现四季更迭之美的花草系列，以及反映现代艺术的波普几何系列……这些图案出现在 SOU·SOU 旗下的各条商品线中，有分趾鞋袜、男女装、童装、布袋、生活用品等许多种类。其中，曾荣获魅力日本大赏且被誉为"日本履物最高杰作"的分趾鞋系列，以及结合了三重县伊势传统工艺的伊势木棉擦手巾系列，可谓 SOU·SOU 的两大核心系列。

· · ·

❖ 年届七十的浪漫设计师

用画笔为 SOU·SOU 挥洒出一片崭新和风天地的灵魂人物就是年届七十岁的胁阪克二先生。胁阪年轻时曾在芬兰知名居家生活品牌 Marimekko 以及纽约 LARSEN 工作，之后返回日本，

SOU·SOU 设计师胁阪克二是个浪漫而专注的老人

担任 SOU · SOU 的织物设计师，凭借"老京都新和风"理念，掀起一股新潮流。

十多年来，胁阪先生为 SOU · SOU 设计了多款畅销商品。他从植物、蔬果以及四季风情中撷取灵感，佐以京都的各项行事与祭典，再加上一些日本家纹，在尊重传统的同时，用色相当鲜艳活泼，这使得他设计的商品拥有广泛受众。数字系列、家纹系列、花草系列、波普几何系列等都出自他的笔下。2006年，胁阪选择象征日本的樱花与菊花，设计出了一款专属于 SOU · SOU 的家纹。

除了原创设计图案的丰富程度让人惊讶外，SOU · SOU 对传统与创意的坚持也体现在商品命名上。比如用汉字春夏秋冬与各典礼等构成织品图案的叫作"花鸟风月"，色彩缤纷的菊花、樱花则命名为"金襕缎子"（豪华织物的代名词）。SOU · SOU 的颜色也以日本传统名称说明，像是"濡羽色"（亮黑色）、"江户紫"（江户的代表色，歌舞伎角色助六头上缠的头巾就是江户紫）、"山吹色"（山吹花的耀眼鲜黄色）等，无一不风雅别致。

我自移居京都后便倾心于 SOU · SOU 摩登又传统的设计，早已成为其重度喜爱者。曾经有一次与设计师胁阪克二面对面交

围巾与提包无一不显示出 SOU · SOU 对图案、色彩的完美把控

流时，我才知道设计出这些新潮可爱图案的竟是个头发花白、亲切健谈的爷爷。他告诉我们，他每天都会在明信片尺寸的画纸上作画送给妻子。胁阪先生画画不打草稿，看他现场创作，无论是花朵还是数字，童趣之中总洋溢着浪漫自在的情调，也难怪他设计的图案总是让人爱不释手。

. . .

❖ 层出不穷的联名款

SOU · SOU 本身的商品已经够丰富了，但作为"创造全新日本文化"的代表性品牌，SOU · SOU 积极与海内外的企业联名合作，产品遍及衣食住行各层面，例如京都和果子老铺龟屋良长的各种果子包装袋、日本著名酒厂月桂冠的起泡清酒系列包装、制茶厂宇治田原的茶具茶叶套组、日本相机品牌松下的

手机壳、背包、名片夹……SOU · SOU 开发了各类产品

SOU · SOU 为茶叶品牌设计的包装

SOU · SOU 的鞋子借鉴了日本传统袜子的
分趾设计

SOU · SOU 与日本传统工艺

① 三重县指定传统工艺品伊势木棉

因气候、土壤等优势，自江户时代以来，
伊势地区即成为日本最重要的棉产地。伊
势木棉的优势在于其柔软质感，即使反
复洗涤也不会硬化。这一点就可以说明为
何 SOU · SOU 的擦手巾如此出类拔萃。

② 兵库县传统鞋厂高砂

获奖无数的 SOU · SOU 分趾鞋是兵库县
高砂市的传统胶鞋工厂高砂产业制作的。
从布料剪裁、图案染色到最终缝制，每双
鞋都由日本职人手工制成。

莱美联名款等，其他合作品牌还包括卫浴品牌能率、东京知名
收纳杂货品牌 stacksto、大阪的蜡烛与线香制造厂龟山、爱媛
县今治毛巾、山形县天童木工家具等，海外品牌则有法国时尚
运动品牌乐卡克等，涵盖范围之广令人惊叹。

这些联名合作案的诞生，一部分是社长若林先生的主动邀约，
一部分则是各企业的提案。比如，鉴于近年来日本年轻人越来
越不爱吃和果子，历史超过两百年的京果子老铺龟屋良长在危
机感的驱使下与 SOU · SOU 合作，用伊势木棉代替纸盒，推
出和三盆干果子"小宝袋"系列，受到了年轻女性的喜爱。这
次合作也成为联名双赢的极佳案例之一。

此外，乐卡克联名系列是 SOU · SOU 旗下唯一的西式设计，
走日法混合的城市休闲风，设计灵感来自京都独特的适合散
步及骑行的城市风格。设计师希望大家能够自在愉快地享受
闲暇的漫游时光，在设计上注重机能性与舒适性。相较于
SOU · SOU 的男女装，乐卡克联名系列更加百搭，价位也更
加亲民。

SOU · SOU 的服饰配件，强调让现代日本人能够在日常生活
中轻松穿着与搭配，即使和风十足也不失个性。SOU · SOU
各店铺的店员也都是穿搭高手，一身 SOU · SOU，有型有款，
他们可以说是 SOU · SOU 的最佳代言人。当你犹豫不决时，
他们会热情友善地分享商品的特点并给予建议。对于这样一个
爱惜传统文化且不断创新的京都原创品牌，我从心底感到敬佩
与欣赏。也许你还对摩登和服望而生畏，或对分趾鞋的舒适性
抱有疑问，但只要进了 SOU · SOU 的店铺，就一定能在形形
色色的商品中找到适合自己的入门款，慢慢爱上这个年轻的京
都潮牌。

089

090

091

092

---

089 分趾帆布胶鞋·高砂足袋芙蓉款

8000 日元

花色繁多的现代和风帆布胶鞋无疑是最
抢眼的时尚配件，它由日本职人手工制
成，即使长时间行走站立也不易累。

090 分趾袜

550 日元

除了三色堇外，另有数字、和果子、九
条葱、油菜花、猕猴桃等数十种图案，
皆为男女通用。

091 手机保护壳

1850 日元

专门为全球苹果手机用户设计的保护
壳，尺寸齐全，与织品图案一样花色
多元。

092 乐卡克数字款双肩背包

11800 日元

具有防水功能，且有七个尺寸不一的
收纳内格，可放置笔记本电脑、iPad、
水壶、笔、手机等。特别推荐给自行车
代步者与上班族。

094

093

095

096

093　伊势木棉围巾·风雅月映款

2500 日元

由手巾变化而来，原料为柔软轻巧的伊势木棉，保暖性好，图案别致，兼具艺术性与实用性。

094　金襕缎子茶碗与纸罐宇治抹茶组

3000 日元

工欲善其事，必先利其器。美浓烧茶碗印上了优雅摩登的菊花纹样，搭配宇治抹茶，在家也可轻松享受抹茶时间。

095　伊势木棉手拭名片袋

950 日元

这一款名片袋就像是包袱巾般，与人交换名片时，绝对能给对方留下深刻印象。特别推荐给文艺工作者。

096　帆布数字包

小 7400 日元 / 大 8900 日元

帆布坚固耐用，数字款是 SOU·SOU 最具代表性的图案，与各式衣着百搭且永不过时。

好店 - 02

中川政七：300 年杂货店逆生长

撰文 ◎ **骆仪**　　图片 ◎ **骆仪、中川政七**

"传统工艺、现代设计"是这个 300 年老店保持年轻活力的秘诀。

好店

中川政七

享保元年（1716 年）创立，以手织麻布起家，发展成游·中川、日本市、中川政七商店三个系列的零售门店，以及手帕品牌 motta、袜子品牌 2&9、针织衫品牌 kuru、园林品牌花园树斋和地方风物展大日本市等。

游·中川 本店

地址：奈良县奈良市元林院町 31-1　电话：074-222-1322　营业时间：10:00—18:30　官网：www.yu-nakagawa.co.jp

日本市 奈良三条店

地址：奈良县奈良市角振新屋町 1-1　电话：074 223-5650　营业时间：10:00—19:00

中川政七商店 京都四条乌丸店

地址：京都市下京区四条通室町东入函谷鉾町 101 LAQUE 四条乌丸 B1F　电话：075-253-0035　营业时间：10:30—20:30

· · · · · · ·

产品亮点

1. 种类繁多，实用性、质感与颜值兼备，送礼自用皆宜。

2. 游·中川以布制品为主，日本市主打乡土玩具，中川政七商店侧重于生活杂货，三个系列门店销售的商品乃至店铺氛围各有不同。

3. 上新频繁，限定款层出不穷，"限定控"慎入。

❖ 300 年老店的年轻活力

我对中川政七的第一印象是——竟然这么小！

从近铁奈良站出来，经过繁华的樱花大道商业街，我期待着看到一栋显眼的"中川政七大厦"，但没想到本店藏在居民区一条安静的小巷里，店面不大，一眼就能看完。会有这样的心理落差，是因为曾经读过日本杂志某期的中川政七 300 周年特刊后想当然地以为，商品丰富到能写一本杂志的店，大概是那种整栋楼复式的百货公司吧？

游·中川本店的门面有着老铺的样子，木格子窗，低调的门面，木头的楼梯、柜台和天花板，以及温暖柔和的灯光。然而店里贩卖的货物洋溢着年轻的气息，越是小物件，越能让女生尖叫"太可爱了"，比如摆满店中央那两张桌子的花布巾和花手帕，比如无处不在的小鹿图案等。商品保持高颜值的同时不失质感，是买回家后想要天天使用的好东西。

而距离游·中川本店步行不到 10 分钟的日本市三条店，色彩和气氛则更加明快，门口一排红色扭蛋机告诉你这里没有那些老铺的规矩，不需要谨小慎微、束手束脚，进店来玩吧！中川政七联合海洋堂推出了日本全国乡土玩具大集合，不知道你抽中的是京都的伏见娃娃、东京的犬张子、长野的信鸽车、宫城的鸣子小木偶，还是三重县的伊势揉章鱼？投进 400 日元试试你的手气吧！日本市店员的连衣裙和收银台上方的吊灯都是上白下蓝的富士山形象，这是日本的象征，也是日本市的 logo。日本市大概可以理解为关于日本各地商品的市集，主打乡土玩具和地方手工艺。在这里，乡土玩具彻底摆脱了土气，传统手工艺做成了精品，会让你想要掏空钱包，也完全值得你从京都搭一个小时的火车前往——何况它距离游客必去的奈良公园和东大寺并不远。

定位为生活杂货店的中川政七商店在奈良没有门店，京都店位

更多好店

堀内果实园

堀内果实园于 1903 年在奈良吉野的山上开垦而成，传承至今是六代目堀内俊孝，产品不使用化学肥料和农药栽培。位于日本市三条店斜对面的堀内果园本店明亮宽敞，很适合逛累后来歇歇脚。柿子提拉米苏令人惊叹于原来柿子也能做成甜品！

地址：奈良县奈良市角振町 23　电话：0742-93-8393　营业时间：10:00—19:00　官网：www.horiuchi-fruit.shop

于市中心的精品百货公司四条乌丸地下一层。中川政七商店的商品和装修氛围比游·中川和日本市都要日常，在这里，你可以买到品质精良的厨具、餐具、洗护用品、睡衣、风衣、旅行收纳品等。

中川政七目前的三大系列门店，不仅店铺氛围不同，销售的商品也大不一样，日本市三条店的限定款尤其多。也就是说，看中了什么好东西就得买下来，在别的门店可不一定还能找到。这就导致我三家店逛下来，分别买了不少东西。自认逛遍半个京都，眼光和定力都得到磨炼的我在面对中川政七时"破功"了。我不由懊恼地跟游·中川本店店长桐山萌小姐抱怨："所以喜欢你们家的顾客还得东奔西跑才能逛全呀？""是的，三个系列定位不同，每家店都有自己的特色。"她微笑着说。

"小小的"中川政七，魔力何在？

· · ·

❖ 每年卖出 200 万条麻布

享保元年（1716 年）创立的中川政七已经 302 岁了。看着如今品类繁多、色彩缤纷的商品，很难想到中川政七最早是一家麻布店。中川政七诞生于奈良麻工艺繁荣的江户时代，其奈良晒制品（漂白织品）是德川幕府的指定御用品，也被制成僧人袈裟和武士服。后来武士阶层没落，中川政七在明治时期转而制作茶道用的茶巾。日本茶道鼻祖千利休曾说茶巾以白、新为佳，而纯白的奈良晒能够给人以洁净之感。20 世纪初，中川政七广开工场，致力于复兴奈良晒，并确立行业标准。到了现代，中川政七又发展起布包和布类生活杂货。虽然产品形式不断顺应时代的变化，但麻制品始终是中川政七的基石。

苎麻粗硬，适合制成手提包，造型挺括，经久耐用；亚麻柔软，适合制成手拿小包。游·中川出售的苎麻手提包，沿用江户时代的制作方法，耗时 24 天以人手将 1.2 千克的麻皮（青苎）

麻织拖鞋，轻便透气

中川每年会推出各式麻布巾

捻成线，耗时 10 天织成 1 匹（24 米）布料，随后裁剪做成布包，整个制作过程均为手工。不过中川政七并非"手作至上"，他们也出售机器制品，不同定价，满足顾客的不同需求。对比机器制作的布包，手工制品的纤维更加紧密柔滑，质感更精致，还刻意留有线头。

中川政七的另一类主打布制品是花布巾和千代布。1995 年开始发售的花布巾（花ふきん）是中川政七的代表商品，采用奈良特产的蚊帐生地（即蚊帐布），拥有华美的彩粉色调与亲肤质地，最适合家居日常使用。出售时硬挺，湿水后却十分柔软，可以用作擦脸巾、洗碗布，用到破旧后还能降级为抹布、擦地布等，经久耐用。不同尺寸的花布巾合计年销售近 200 万条，是名副其实的销售冠军，更在 2008 年获得日本设计领域最权威的优良设计金奖。千代布则是日本人生活中不可或缺的棉布手帕。中川政七的花布巾和千代布图案层出不穷，能摆满整整一面墙，不仅有四季风物、猫狗、生肖图案，还针对正仓院宝物每年推出新设计，将原本不起眼的生活用品做出艺术味和设计感，让使用的人在每一天、每一刻体会到小确幸，这正是日本人在小处做到极致的体现。

. . .

❖ **以帮助其他老铺为己任**

中川政七始于 1716 年初代目中屋喜兵卫创立的奈良晒商店，得名于九代目中川政七（1868 年）。

在过去两百多年间，中川政七的奈良晒得到过德川幕府御用、伊势神宫御用等殊荣，甚至挽救了一个没落的行业，然而直到当今掌门人、十三代目中川淳接手前，中川政七也只是一家卖棉麻布的老铺，拥有游·中川一个品牌。

中川淳加速在日本各地设立直营店，并相继推出粹更 kisara（粹更 kisara 计划于 2018 年取消）、日本市、中川政七商店三个新

琵琶造型背包

小纹提包

中川政七商店里有许多传统摆件

品牌。2006 年，以"美好生活提案"和赠礼佳品为重点的粹更 kisara 在东京表参道开店，大大提升了这家奈良老铺的知名度，赢得了高端用户。而出售地方土产、日常生活用具，定位较平民化的中川政七商店，则横向拓宽了中川政七的顾客群体，丰富了其产品类别。同时，中川淳加大了公司产品的设计、开发力度，将各门店的上新频率加密到两周一次，令顾客永远保持新鲜感。2002 年中川淳接手时，中川政七的店铺营收为 12 亿日元（约合 7300 万元人民币），到 2016 年已翻了三倍，增加到 46.8 亿日元（约合 2.8 亿元人民币）。

中川淳认为，明治维新让日本人接受了现代便利的西方生活方式，但也遗失了很多传统，包括曾经遍布全日本的手工艺。近年来，日本制造被重新认识，他认为这是追求便利性与日本人传统感性相适应的结果。但是，总的来说，日本工艺依然形势严峻，中川政七以"使日本工艺重现活力"为企业使命，"从现在起，我将不惧变化，我们将作为一家进化的老铺再行进 100 年。"

中川淳和他的团队走访日本各地，筛选传统工艺厂家，提供现代感的设计方案，并委托厂家制造产品。可以说，"传统工艺、现代设计"是这个 300 年老店保持年轻活力的秘诀。

中川政七与奈良工艺

花布巾 by 大和织布

明治以后，随着奈良晒的衰落，奈良的纺织业者开始利用粗糙棉替代麻布制作蚊帐布料，有段时间日本近八成的蚊帐是奈良制造。"二战"后，蚊帐被纱窗取代，纺织业者转为大规模制作布巾，这种布巾具有蚊帐布的耐用、吸水性强、通风速干、不易发霉等优点，是家家必备的生活用品。

中川政七的花布巾主要由奈良厂家大和织布生产。大和织布创立于1948 年，工厂位于奈良市山陵町，拥有 24 台织布机，其中 15 台是分经纬线织布的古老梭子机，用来织蚊帐生地或茶巾、麻织物等。

袜子 by 御宫知靴下制造

大多数游客只知道奈良的神鹿，却不知道奈良的袜子产量为全日本第一，约占总产量的 30%。2011 年，中川政七创立袜子品牌 2&9，之所以取这个名字，是因为奈良在日本 47 个都道府县中排名 29。

2&9 的合作方是御宫知靴下制造。它是创立于 1949 年的小规模制造商，有 15 台 K 式袜子编织机，袜子花纹种类繁多，而且不使用胶水黏合，穿着舒适。工厂不是完全无人自动化生产，职人会不断调整机器，随时检验袜子质量，这是其他制造商所不及的。

游·中川本店由著名设计师水野学打造，陈列多门类商品，力求为顾客提供最优质的服务

此外，中川政七与一些地方工厂的合作，不是单纯下订单与销售产品，而是从品牌角度出发，重塑一个老店。就拿很受顾客欢迎的堀内果干来说，2013年，堀内果实园在中川政七的建议下进行了品牌创新，除了在食品店销售以外，也开始进入生活方式类商店，其中就包括中川政七旗下三个系列品牌的门店。员工士气高涨，不断推进新产品研发，同时利用网站宣传水果文化。

这就是中川政七的"行业专门化顾问"项目，"目的不是把产品卖出去，而是打造一个品牌"，迄今已有长崎县波佐见町的瓷器品牌HASAMI、兵库县丰冈市皮革品牌BAGWORKS、新潟县三条市刀具品牌庖丁工坊Tadafusa、京都香老铺薰玉堂等多家传统企业经中川政七策划指点，升级品牌，焕发新生。在中川政七门店销售的老铺商品，是可以感受到生活智慧与季节感，且传统工艺与日常生活完美结合的商品，既有实用性，又有设计感，作为礼物十分讨喜。中川淳的目标，是在10年内将20家企业打造成其产地的"一番星"，也就是当地最耀眼的明星产业。

"我们创业300年，至今以传统工艺做麻布，但也知道日本各地的匠人在减少，有些老店的东西好但卖不出去，我们要帮助他们，这两点是中川政七不变的追求。"

一刀雕 by 土井志清

一刀雕最惊人的是制作速度。机器切好的木块放在专用台子上固定，用木槌与凿子花30秒加工出大致形状，再花几分钟时间用刀雕刻并上色。奈良的一刀雕发源自春日大社祭典时供奉的杯台等装饰物，"一刀"并不是只用一把刀，而是利用有限的道具简洁地表现出作品主题，再根据作品完成度增加色彩。木料多用九州产楠木、木曾产的侧柏或北海道产的桂木。

中川政七日本市的一刀雕来自职人土井志清。土井志清1958年出生于兵库县筱山市，在美术馆参观时被一刀雕的魅力感染，前往奈良学习，师从一刀雕大师大林杜寿，擅长雕刻动物、人偶等。

A. 棉麻产品

097 "鹿家族系列" 亚麻包

小 1200 日元 / 大 1800 日元 / 口金包 3000 日元

在包袋正中绣有大鹿和小鹿的"鹿家族系列"在中川政七商店各类商品中颇有人气，有绯红、正绿、明黄三色。包体本身柔软轻薄，外层亚麻，内层棉布，可容纳各种小物，便于携带。口金包挂在背包或手提包的带子上，更显可爱。

098 千代布手帕

550 日元

由两层棉纱织成，柔软亲肤，透气性好，且洗涤后易干。千代布手帕比一般的手帕略小，便于携带。中川政七商店的千代布手帕图案丰富，有不同主题，无论是收集起来自用还是馈赠亲友都十分合适。

099 鹿书签

650 日元

每件包括两枚不同颜色的书签（红与绿，黄与蓝），手织麻布很有质感，手绣的小鹿图案每只有点不同，能为阅读的时光增添一丝趣味。

100 真田纽编带·麻布托特包

9500 日元

手提袋采用了日本传统茶道中的"真田纽"设计，包体麻布均为熟练职人手工编织而成，耐用且雅致。除绯红外，还有铁绀色、黄唐茶等日本传统颜色。包内有两个暗格，方便收纳不同物体。

101 小纹花布巾（长）

2000 日元

选用奈良特产蚊帐布，吸水性好又耐用，还有着越用越柔软的优点。小纹系列的配色或清新或活泼，图案也十分多样，曾荣获日本优良设计金奖。

B. 生活杂货

<u>102</u>　羊毛、安哥拉兔毛混纺长袜

2300 日元

共 5 种配色，使用保湿性好的羊毛与安哥拉兔毛的混纺纤维，采用螺纹编织法，加厚的同时又不会对足部和小腿造成压迫，纤维之间保留了空气层，能防止足部水分过度蒸发，既有保温效果，又保证了足部健康。

<u>103</u>　KUTANI SEAL 子皿·奈良

1500 日元

KUTANI SEAL 是石川县的瓷器品牌，生产当地的著名瓷器九谷烧。该品牌研制了复写技术，使九谷烧瓷器的花纹更加贴近生活。这款图案是由游·中川原创的奈良绘小碟，边缘描绘了奈良代表性的风物小鹿、八重樱花蕾、蜡烛、鹿煎饼等，可用来盛放点心或小菜。

<u>104</u>　牛奶瓶除臭芳香剂

1000 日元

共有樱花、天竺葵、大和抚子（日本传统优秀女性的代名词）、柚子、绿茶五种味道，香味轻柔不刺激，适合放在枕边或书桌上使用。牛奶玻璃瓶的外形亲切又可爱，里面的香料呈胶状质感，随着使用挥发，可用约 2 个月。

<u>105</u>　波佐见彩色陶瓷马克杯

小 1500 日元 / 大 1800 日元

长崎县波佐见町是拥有 400 年历史的波佐见烧的原产地。HASAMI 公司与中川政七合作，将古老的波佐见烧与现代设计相结合，马克杯线条简洁流畅，底部的收口设计方便将杯子摞在一起，便于收纳。共 9 种颜色。

<u>106</u>　麻油护手霜

1800 日元 /60 克

采用天然原料制成，亚麻籽油、大和茶籽油、蜂蜜等能增强皮肤的保湿能力，薰衣草精油、橙皮精油散发令人放松的清雅香气。护手霜中不含矿物油、防腐剂、着色剂。

C. 乡土玩具

107 富士山玻璃杯（带木盒）

3775 日元

玻璃杯由日本知名设计师铃木启太设计，并委托 1932 年创立的老铺"菅原工艺硝子"纯手工制作而成。杯子通体透明，倒进啤酒后会呈现出金灿灿的富士山，而啤酒泡沫就是富士山顶的积雪，非常有创意。杯体轻薄纤细，水野学（熊本熊形象设计师）团队设计的木盒则厚重沉稳，对比中尽现美感。

108 KUTANI SEAL 富士山筷子架

700 日元

拿起筷子就可以看到可爱的富士山，为日常生活增添了一丝乐趣。

109 白鹿摆件

400 日元

奈良自古就流传着白鹿的传说，白鹿摆件和饰品也格外受人欢迎。中川政七商店的白鹿的独特之处在于其腹部可以打开，内含一张幸运签，能让白鹿为你带来好运。

110 达摩绘形香

1100 日元

手工麻织的达摩绘形香散发出淡雅的樱花香气，木盒中包括三枚红色绘形香与两枚黑色绘形香。绘形香的使用方法可谓多样，可以立在木箱凹槽中置于桌上，也可将其夹在钱包、书本中使用。

111 鹿饼干

800 日元

来到奈良，每个人必做的事情就是买一包鹿仙贝去奈良公园喂小鹿。鹿仙贝的味道究竟如何呢？日本市三条店专门推出了罐装鹿仙贝，酥脆可口，是很受欢迎的伴手礼。

D. 正仓院主题

正仓院收藏了建立东大寺的圣武天皇和光明皇后使用过的服饰等各式宝物，总数约九千件，最古老的有一千多年历史，其中也包括从中国、新罗，甚至是波斯远道而来的文物。2008 年，中川政七参加奈良丝绸之路博览会，出售正仓院纹样的麻织品，引起人们对传统手工业的强烈兴趣。此后，中川政七开始每年推出新的产品，纹样为正仓院主题，设计上摆脱了古董的老气感，成为该店的一大特色。

---

112 **正仓院主题花布巾**

宝器图案 400 日元 / 其他 500 日元

奈良特产蚊帐布，图案均来自正仓院宝物，包括古朴的大佛、可爱的小鹿、古老的宝器等。

113 **正仓院主题磁铁书签**

650 日元

与小鹿方形书签不同，正仓院主题书签采用了别致的圆形，凤凰是正仓院宝物中最具代表性的图案之一。

114 **正仓院主题小纹香**

1000 日元

这套香片可用作书签或随身携带，手工编织的麻布印着葫芦等正仓院纹样，布中夹了香料，持续散发出令人安稳的香气。

115 **正仓院主题零钱包** 限定 奈良 三条

小 1800 日元 / 大 3200 日元

中川政七商店每年都会推出正仓院主题纹样系列商品，限定销售一年，其中最实用的莫过于零钱包。手工编织的麻布坚固耐用，图案也十分耐看。米色是"四菱之鹿"，橙色是"木画槽之鹿"，分别是 2016 年至 2017 年和 2017 年至 2018 年的限定纹样。

116 **正仓院主题麻申守·缥地唐草之鹿** 限定 奈良 三条

750 日元

麻申守是独具奈良特色的小饰品，它模拟猴子造型，人们相信它可以保佑家人平安。这款麻申守以正仓院宝物中的唐草图案为基础，经中川政七重新设计，使用清新的草绿色，与自家的小鹿 logo 相得益彰，是日本市三条店 2017 年至 2018 年的限定纹样。

好店 - 03

D&DEPARTMENT：包罗全日本耐用好物

撰文 ◎ 骆仪　　　图片 ◎ 骆仪、D&DEPARTMENT

开在佛光寺里，仅销售选品人使用过的产品，不赶潮流。

好店

D&DEPARTMENT Kyoto

by 京都造型艺术大学

由 D&DEPARTMENT 与京都造型艺术
大学合作，于 2014 年 11 月开业，主要销
售来自京都本地的长效设计生活杂货。母
公司 D&DEPARTMENT 由长冈贤明于
2000 年创立，本店位于东京。

地址：京都市下京区高仓通佛光寺下儿新
开町 397 本山佛光寺内 电话：075-343-
3217 营业时间：杂货店 10:00—18:00，
食堂 10:30—18:00（周三休息） 官网：
www.d-dEPARTMENT.com/jp/shop/
kyoto

· · · · · · ·

店铺亮点

1. 开在佛光寺内，气氛宁静。

2. 强调物品原产地，以销售京都府特色杂
货为主，精选日本各地风物。

3. 仅销售经选品人使用过的耐用好物，不
赶潮流。

4. 食堂使用的食材大多为京都土产，部分
食材也在店内销售。

走进佛光寺大门，第一眼就能看到庭院里高大的银杏树。银杏树的西边是佛光寺正殿，南边和东边分别是 D&DEPARTMENT 的杂货店和食堂。到了秋天，银杏树金黄的叶子飘落一地，坐在食堂里就能欣赏到宁静又灿烂的秋色。

京都寺庙神社三千，佛光寺从来不在热门名单上。即使是红叶季，清水寺、东福寺等名刹游人摩肩接踵，此处仍然清静如昔。但开业三年的 D&DEPARTMENT 已经吸引到足够的人气，食堂有时候还要排队等位。

开在佛光寺里面，却不是寺庙的附属商店，销售与佛教无关的生活杂货，提供与精进料理（斋菜）无关的餐饮，D&DEPARTMENT 在京都是独特的存在，然而又让人觉得合适——这就是京都呀。

. . .

❖ 佛堂、食堂"两用"，店长是僧人

"京都是有一千多年历史的古都，在选址时，我们想找一个古老的地方，神社和寺庙都在考虑范围内。而佛光寺平日里参拜的人不多，寺庙也希望店铺能带来人气，给附近居民提供方便，于是双方决定合作。"店长小原龙树说。

右图：食堂由佛堂改造而成，吃饭也可以是一种修行

左图：佛教讲究"一期一会"，店内的商品也会不时更新

我曾经去过位于东京综合商场涉谷 Hikarie 的 D&DEPART-MENT 本店，在食堂的透明落地玻璃前用餐，俯瞰繁忙的涉谷车站里的火车进进出出。而京都店的食堂不仅位于寺庙里面，餐厅本身就是一间佛堂，里面供奉着佛像，每天早上 7 点半到 8 点半寺庙僧人在此做晨课，到了 10 点就在榻榻米上摆上桌椅，变身食堂。

东京和京都两家店截然不同，也恰恰代表着两座城市的特点，一个现代繁华，一个古老宁静。然而京都也不是一味顽固守旧的城市，能包容有信仰、无信仰的各色人等在佛像面前坐着吃甜品聊天。相比当年星巴克开进故宫在中国引起的哗然，京都人很淡定。

杂货店在改造时最大限度地保留了寺庙建筑的外观和内部结构，仅在屋檐处镶上了不起眼的店名，门口挂一块与木建筑同为棕色的招牌。"为了保持寺庙的清净氛围，我们不会做任何喧闹的促销。"小原龙树说。他曾经是一名三轮车夫，每日在岚山拉车，经过寺庙时感到向往，来到 D&DEPARTMENT 后就皈依了佛门。

. . .

D&DEPARTMENT 选品标准

一、了解制作者：直接接触制作者及其作业场所，了解他们的理念、制作过程和制作起来费力的环节，并在销售时将这些信息传达给顾客。这样，人们将商品买回去后才会长久爱惜。

二、自己先使用：将商品介绍给客人之前要先买来试用。有些商品设计得很精彩，但是实际用起来并不好用，如果遇到这种情况，就报告给厂家。

三、销售物有所值的商品：贩卖时要思考，这个东西再次贩卖的话还有人买吗？因此那些很快就会改变外观的、一个部件坏了整件东西就不能用的，以及太依赖潮流的物件，不会在店里出现。

四、销售修好后能继续使用的商品。

五、关注制作者有无坚持的心境：要保证制作者爱惜自己的作品，能够带着爱坚持制作并不断改良。

每件商品都有详细的介绍，甚至标注了历史与使用方法

❖ **每件货物都有"身份证"**

D&DEPARTMENT 京都店于 2014 年 11 月开业，规模虽然比本店小得多，却不是本店的微缩复制版，销售的商品有一半以上与本店不同。

调料、茶、海鲜干货、手帕、毛巾、餐具、购物袋、人字拖、领带、笔……货物涵盖生活日用的方方面面，每一类的单品不多，但展示得很用心。每件货物都有一个标签，以蓝色、白色和灰色来区分货物是来自京都府、日本其他地方还是境外。其中有很大一部分来自京都府，包括 Ozika Sauce 的调料、山田制油的芝麻油、铃木松风堂的和纸收纳盒、丸久小山园和蓬莱堂茶铺的茶叶，等等。

标签上的醒目数字则代表这种货物已经存在的时间，例如京都柳樱园的"香悦"茶已有 142 年的历史。还有一些手写的小卡片提供了更详细的商品信息，例如铃木松风堂的收纳箱，其图案丰富的包装纸是用调入豆汁的颜料一张张手工印刷的"型染纸"；而丸久小山园的抹茶曾是德川家康的御用品。

看到一套标注着"医疗用品"的器具，我感到有点奇怪。店长笑说，这些篮子、有盖玻璃壶、不锈钢盘子本来都是医院用的，但很受顾客喜爱，尤其是那只有盖玻璃壶，可以拿来装化妆棉、棉签、调味料乃至文具，堪称万用壶，不锈钢盘子则可用于收纳。

看得出，店员对店里销售的货物十分熟悉，甚至带有深厚的感情，小原龙树告诉我，另一位店长就很喜欢山田制油的芝麻油。

. . .

❖ **自己用着好的才会卖给顾客**

D&DEPARTMENT 的选品体现出创始人长冈贤明的"长效设计"理念。长冈贤明于 1965 年出生于北海道，在爱知县长大，曾与原研哉一同创立"日本设计中心原设计研究所"，后来独

*《D Design Travel》*京都特辑

立创办设计公司。2008 年起，他陆续走遍日本 47 个都道府县，感受到乡土的力量，对那些被使用了多年的传统物件产生兴趣，于是干脆把各地风物带回东京办展览，又从展览发展成杂货店。

正因为知道物品是怎么被制作出来的，长冈贤明反对喜新厌旧的消费主义，希望物品被买回去后也得到珍惜，经得起长久使用。在明星都未必为代言产品的质量负责的年代，只卖自己了解其生产者、自己用过觉得好用的东西，听起来有点理想主义，但京都一些开在社区里的小杂货店也坚持此原则，而 D&DEPARTMENT 销售的货物品种繁多，在全日本已开了 12 家门店，坚持起来就更难。官网上介绍蒸饭木桶的页面中列出了两位 D&DEPARTMENT 员工使用该产品的时长和使用心得，相比请明星代言，这样的做法更能得到消费者的信任。

好在京都的百年老铺很多，制作"能用一辈子"的产品是许多老铺和手作职人的追求，他们甚至提供终身保修，与 D&DEPARTMENT 的理念很贴合，长冈贤明和他的团队无须为货源发愁。一些专业领域的人士也受邀参与选品，店内销售的清水烧陶器就由陶器作家和职人日野明子挑选而来。

只要符合长效设计的五条标准，D&DEPARTMENT 并不在意产品是来自很有声誉的百年老铺，还是新创办的公司。我采访

从杂志到食堂、杂货店的微旅行

D Design Travel · D47 食堂

D&DEPARTMENT 不只是一间杂货店。店铺一角设有阅读空间，榻榻米上放着矮桌和布团，顾客可以在此翻阅与京都本地风物有关的书籍。图书由 Hohohoza 书店提供，但更显眼的是一排*《D Design Travel》*杂志。长冈贤明在日本各地寻访乡土风物时，萌生了用一本杂志将这些故事记录下来的想法。另一方面，他希望人们在东京这样的大城市买到地方产品后，产生到当地旅行的兴趣，而杂志能为顾客提供旅行灵感和资讯。长冈贤明计划日本 47 个都道府县每地一本，截至 2017 年 12 月已出版 22 本。

食堂名为 D47，同样是 47 个都道府县的概念，菜单上标明了每道菜的"家乡"。*《D Design Travel》*出版新刊时，东京 D47 食堂会推出相应的地方特色菜，在餐桌上摆放杂志。而京都佛光寺的 D47 食堂更偏重京都本土风味，有不少食物使用 D&DEPARTMENT 杂货店销售的食材和调料制成。杂货店曾举办过木桶主题展，其间食堂供应的豆腐定食（套餐）也换用木桶盛放。

在展览中看到喜欢的物品，可以在杂货店买下，或在食堂里吃到，还能阅读介绍当地的杂志，D&DEPARTMENT 就像一个微缩的日本，顾客在这里除了购买外，还能进行一场微旅行，全方位感受日本各地乡土风情。我不由得想到中国，餐馆从来主打单一地方风味，假如有一个餐厅，粤菜、川菜、江浙菜、潮汕菜、云南菜、东北菜都做，势必被质疑味道不正宗，更别提跨界开杂货店或做杂志这么复杂的事情了。那么换个思路，要是北京的驻京办都变成 D&DEPARTMENT 这样能吃能逛能看能买的地方，该多有意思！

时正好遇到 KUSKA 手织领带（见 50 页）的专题展销，从标签看，其历史也就 7 年，在老铺遍地的京都属于"幼儿园"阶段。但 D&DEPARTMENT 认为，在人们越来越少穿和服的当下，KUSKA 使用京都传统的西阵织技法来制作领带，是对传统很好的继承和创新。

长冈贤明的另一个身份是京都造型艺术大学的教授，D&DEPARTMENT 京都店是与该学校合作的项目。一方面，一些来自老师、学生和本地工匠合作的商品会在店内销售，另一方面，为商店推荐货物也是学生课程的一部分，他们很热衷于推荐自己家里经久耐用的好东西。经过考察筛选，符合长效设计理念的货物便会被摆上货架。受长冈贤明的影响，学生们设计的作品也追求耐用，但商店并不会固定销售学生作品，因为作品还不能持续量产，不符合长效设计的第五条标准。

上图：餐具

下图：手巾

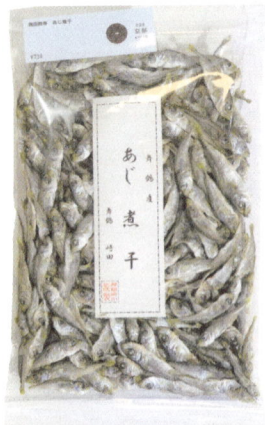

117　舞鹤·竹荚鱼干

680 日元

京都府产，制造历史不详。来自舞鹤的海鲜干货，无添加，自然风干，可以当零食吃，也是绝佳的下饭菜。

118　山田制油·henko 初榨芝麻香油

黑芝麻 / 白芝麻 1500 日元

京都市产，拥有 83 年历史。京都山田制油秉持"制作为世界、为人而生的食物"，自创业至今坚持手工制作芝麻油。其芝麻油不添加任何化学调味料及防腐剂，制作过程中也不使用漂白剂，力求突出食物的原味。对传统技法、手工制作的坚持也体现在了产品名称中，"henko"指的是顽固不变的职人。henko 初榨芝麻香油曾入选"好物 500 选"，是日本经济产业省认定的"故乡名物"。

119　铃木松风堂·收纳箱

80 克 1200 日元 /150 克 1500 日元

京都市产，拥有 13 年历史。铃木松风堂创立于 1894 年，最厉害的技术就是制作纸筒。一层层纸卷越卷越厚，纸张之间却没有空隙，纸筒也不变形，反倒越来越厚实。纸筒完成后，将大豆榨取的汁液做成颜料，反复涂抹，形成质感细腻、鲜艳悦目的图案，这种型染纸技法跟和服的型友禅如出一辙。收纳箱可以存放茶叶、咖啡豆，也可以当笔筒使用。

120　丸直制陶所·花纹瓷碗

1300 日元

岐阜县产，拥有 130 年历史。碗身仅厚 1 毫米，呈半透明状。这种碗在历史上用于出口，关税按重量计算，因此职人把碗做到极轻薄以避税。由于经高温烧制，硬度很高，它并不像看起来那么易碎。尺寸小巧，能用单手捧在掌心，适合盛放米饭、配菜、甜品、冷盘。另有配套小碟。

---

121 SIWA 纸钱包·长款·两折

3500 日元

山梨县产，拥有 7 年历史。市川大门制造和纸的历史已经有上千年，当地制造商大直研制出坚韧防水的障子纸（原用于纸拉门）Naoron，用以制作 SIWA 系列购物袋、手提袋、电脑包、书皮、钱包、名片夹等，如皮革般经久耐用，又比皮革轻便许多，还能扔进洗衣机洗。实物手感柔软，会留下如皮具一般的使用痕迹。

---

122 蓬莱堂·蓬莱茶

550 日元

京都市产，拥有 216 年历史。蓬莱堂于享和年间创立，蓬莱茶的灵感来自大正时代怀石料理旁放置的热水桶所散发的香气。蓬莱茶铺发明了蓬莱茶并以自家店铺命名，被认为是日本玄米茶的起源。玄米炒制后散发的清香与茶叶本身的甘甜与苦涩绝妙地融合在一起，包装充满怀旧气息。

123 今治毛巾

440 日元

爱媛县产，拥有 14 年历史。今治毛巾的历史可追溯至 1894 年，那时阿部平助改良了棉绒织机，1924 年，爱媛县的技师菅原开发出高级提花技术，今治毛巾渐渐发展成最受日本人欢迎的毛巾。今治毛巾采用手摘棉花，手工遴选出最柔软的纤维，用小麦淀粉低温上浆，不添加荧光剂等化学涂料，做出的毛巾几乎不掉毛，敏感肌肤也可使用。

124 竹笹堂手摺木版和纸·包书纸

800 日元

京都市产，拥有 18 年历史。别小看这张看似简单的包书纸，其图案是竹笹堂的职人按版画的制作方式手工印刷而成的。竹笹堂创立于 1891 年，传承古老的木版印刷技艺，包书纸的方格印染在日语中被称为"市松"，绿白相间的格子代表京都东福寺庭院中的青苔。手感柔软的和纸却拥有结实的纤维，使用时长可达 3 年。

好店 - 04

Angers：北欧风与日系混搭，赋予生活新灵感

文字、图片 ◎ 林奕岑

来自不同国度的杂货，有着同样的生活态度。

好店

Angers

创立于 1993 年，是一家充满设计感的生活杂货选品店，精选北欧及日本的优质品牌，同时拥有自己的原创设计商品。

本店地址：京都市中京区河原町三条上ル西侧   电话：075-213-1800   营业时间：11:00—21:00   官网：www.angers.jp

‥‥‥‥

店铺亮点

1. 北欧风的简约与质感混搭日系的纯净雅致。

2. 场景化陈列商品，全方位传递日式生活理念。

3. 三楼的咖啡区严选日本各地咖啡豆，每月更换。

以"优质设计，美好生活"为核心理念的 Angers，是诞生于京都的生活杂货选物店，目前在日本共有八家店铺，分别坐落在京都、大阪与东京。京都本店在车水马龙的河原町，建筑由银行改建而成，共三层。店内的生活杂货与文具衣饰，同时拥有北欧风的简约设计感与沉稳质感，以及日系设计的纯净雅致风格。北欧与日系风格便于搭配，也是 Angers 的选品原则之一。

Angers 京都本店一层主要售卖文具、书籍、饰品配件，二层有衣服、鞋子、饰品，三层是餐具、厨具等生活用品贩卖区。在这里，你会看到公长斋小菅的竹筷、柳宗元的桦木黑柄不锈钢刀叉以及芬兰品牌伊塔拉（Iittala）的玻璃酒杯，它们放在一起毫不违和。值得一提的是，除了精选北欧和日本的优质品牌外，Angers 也有自己的原创设计商品。每一件原创商品，都是因为设计师想要在自己的日常生活中使用才被设计出来的。设计过程中还要考虑布料、纸张、皮革、木材等不同材质的可能性，也会与北欧的设计师、日本的素材专家共同讨论、创作。

位于三层的咖啡主题区，每个月都会从日本各地精选出一家焙煎咖啡专门店的商品作为主打，同时还有该品牌为 Angers 特制的限量咖啡豆贩售。京都是全日本咖啡消费量第一的城市，手冲咖啡喜好者的年龄层分布广泛。特别推荐日本"全球本土化标准商品"藤编把手手冲咖啡专用壶，搭配芬兰品牌阿拉比（ARABIA）的经典之作 Paratiisi 天使国度系列咖啡杯，成就一段居家咖啡好时光。

在 Angers 欣赏其商品陈列方式的同时，也能得到一种全方位的生活提案的启发。比如在三层的锅物小主题区摆放着主角土锅以及其他同样抢眼的配角——关于锅物料理的食谱书与其他调味料道具、餐具、酒器，整个区域都传递着一整套的日本饮食概念。

此外，每家 Angers 杂货店都设有主题商品专区，不定期更换主题。例如我在进行采访时，本店除了与各分店同步展开"圣

左图：在 Angers 感受来自北欧的异国情怀

更多好店

INOBUN·四条本店

创立于 1814 年的生活杂货店，经营种类百年不变，坚守传统制作工艺，成为京都府内诸多企业的模范，被授予"2013 年度京都老铺表彰"奖。

地址：京都市下京区四条通河原町西入ル御旅町 26　电话：075-221-0854　营业时间：11:00—21:00　官网：www.inobun.co.jp

诞祭"外，本店还另有主打区"领带与派克钢笔"，带领消费者重温经得起时代考验的钢笔老牌派克的经典风格。同一时期，关东地区的武藏小杉店则设置了北欧森林圣诞主题专区，主打来自北欧瑞典的人气杂货品牌"Fine Little Day"的精选商品。

走一趟 Angers，观察这些生活达人的主张与品位，感受到的不只是商品的个性与呈现风格，还能唤起内心对于营造简单好生活的期待与向往，进而把一件件钟情的优质设计好物带回家。

看着简单而明亮的餐具，心情也会好起来

---

125 **文具类**

Angers 原创笔记本、日本短刀样木质笔盒、漆制名片夹

式样简单、质感出众，是从事艺文创作等相关人士的必备好物。

126 **厨房用品类**

咖啡相关（咖啡壶、咖啡豆等）、筷架与筷子组、北欧 Vintage 餐具（杯、盘等）

除了用来打造个人居家品位外，这些物件也很适合送礼使用。

127 **服饰类**

日本品牌宇宙奇幻（COSMIC WONDER）、非控制空气（NO CON-TROL AIR）

极简低调却富设计感，穿着舒适，易搭配且不会过时。

（以上定价请参考官网）

好店 - 05

三三屋：周末限定的创意杂货

撰文 ◎ 小绿   图片 ◎ 三三屋、骆仪

深藏于小巷的百年町屋中，诸多独特产品值得专程前往寻访。

好店

三三屋

2016 年开业，是由 Groovisions 设计集团开设的创意杂货店，基于"挑选仅能在京都相逢的、令人难忘的商品"这一选品准则，精选与京都各老铺的合作款商品和京都艺术家的原创设计，仅在周末营业。

本店地址：京都市中京区东洞院蛸药师下ル元竹田町 639-11　电话：075-211-7370
营业时间：12:00—19:00（仅在周末营业）
官网：www.mimiyakyoto.com

. . . . . .

店铺亮点

1. 商品充满设计感和年轻活力，兔子 logo 既可爱又有辨识度。

2. 有许多与京都老铺跨界合作的限定商品，仅此一家。

三三屋 logo

在店内寻找可爱的小兔子吧

左图：点起灯，隐藏在巷子里的小兔子出来了

常言道"大隐隐于市"，在京都四条乌丸附近的东洞院通内，有一间隐秘而有趣的小杂货店，那里隐居着一只可爱的小兔子。

寻找三三屋的过程并不轻松，这间小店实在太隐蔽了。看到好几本日本杂志推荐三三屋，按地图导航寻去，标记的位置却是一间办公室，看不见三三屋的招牌。我还以为杂货店关门了，杂志信息已过时，颇为郁闷。回头想想不对，店的官网还在呢，这才发现官网上注明的营业时间仅限周末。在某个周日晚上再度前往，到了上次的地点，这才发现小巷口地面上多了一盏小灯笼，写着"三三屋"。"巷子里明明是民宅呀……"我疑虑着走进狭窄昏暗的巷子，看到古老的木栅栏窗和温暖的纸灯笼，白色暖帘上印的可不就是三三屋的那只小兔子吗？特别的是，暖帘并非布料，而是揉出褶皱的纸。我开始期待门内的世界了。

三三屋占着百年町屋的房子却只在周末营业，灯笼和暖帘也仅在周末挂出来，让我不禁担心它能否经营得下去。但其实只要推开门，这种顾虑就会立刻烟消云散。店铺虽小却五脏俱全，陈设的各种杂货令人眼花缭乱，更激起购买的冲动。

在这里，你可以将许多京都老铺的得意之作同时收入囊中。公长斋小菅的竹勺、高山寺的木雕小狗、辻和金网的编织咖啡滤网等，都是体积不大、适合带回家的好物。不仅如此，三三屋最独特的要数艺术家原创商品或是与不同品牌的合作款商品，比如陶艺家芦田尚美设计的荞麦杯、猫村商店的明信片和便利贴、泽井本店合作款酱油、白竹堂合作款纸扇、原创的透明雨伞和餐具，还有京都名所地图手巾等，不少小物上都印制了三三屋专属的兔子花纹，无一不在宣告着"创意第一"。

我非常喜欢三三屋的 logo，线条简洁又纯真可爱。收纳箱中藏着小兔子和扇子、灯笼、扫帚、拖鞋等，挤挤挨挨的，却满是类似秋天收获时的喜悦感，用在一泽信三郎、白竹堂等老铺合作款上，竟一点都不违和。

更多好店

木と根（Kitone）

这家由京都造型工艺大学毕业生经营的小店开在社区里，面积很小但人气高涨。袖珍咖啡馆在美食点评网站 Tabelog 上获得高分，还有一个有意思的小作坊制作贩卖日用杂货。在咖啡飘香的环境中挑选杂货，势必会留下独特的京都记忆。

地址：京都市下京区灯笼町 589-1　　电话：075-352-2428　营业时间：12：00—17：00（周三、周四休息）　官网：kitone.jp

创意，也许就是三三屋能够积累人气的原因，也是它与京都其他传统杂货店的最大区别。古老的町屋里藏着一颗年轻活跃的心。其背后的公司 Groovisions 设计集团于 1993 年创立于京都，虽然总部已迁至东京，创始人伊藤弘却对京都怀有难以割舍的感情。"京都的街道变得越来越年轻，充满活力。"于是，2016 年，他在京都开设了三三屋，将 Groovisions 的设计与三三屋限定的各种好物集合在此，让客人感受到属于设计的独特魅力。正因为拥有足够独特的商品，三三屋才"酒香不怕巷子深"。而你要是刚好在京都度过周末，一定要记得去四条乌丸逮这只神出鬼没的小兔子。

128　三三屋 × 一泽信三郎 · 朱印账小袋

6800 日元

三三屋与京都独一无二的帆布老铺一泽信三郎相遇，厚实的帆布也变得灵动起来。若是在京都旅行收集朱印的话，这款小袋绝对好看又好用。即使不用来装朱印账，小袋较大的容量也可以满足你收纳各种小物的需求。

129　三三屋 × 白竹堂 · 纸扇

4500 日元

白竹堂是创立于享保三年（1718 年）的京都老铺，此次与三三屋合作的京扇子上用金线描绘了三三屋的代表花纹，传统又富于新意。

130　三三屋原创地图手巾

2000 日元

不妨在擦手的时候温习一下在京都闲逛的美好时光吧。地图上不仅标注了京都的名胜古迹，还标了不少与三三屋合作的老铺。店铺互相推广互助的心意，也是属于京都的人情味。

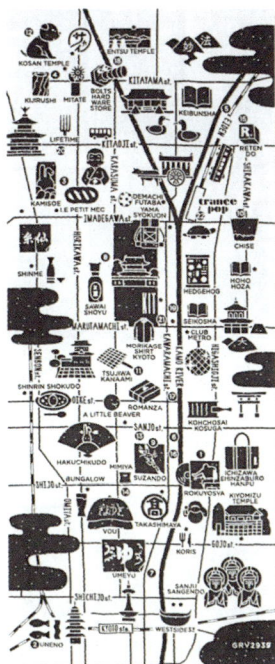

131　三三屋 × 泽井酱油·酱油

800 日元 /100 毫升

泽井酱油创立于 1879 年，是日本知名的酱油老店，品质风味一流。合作款酱油是店内的畅销商品，除了原味酱油外，还有同款包装的高汤酱油与日式宾司酱油。

132　三三屋 AMETSUCHI 荞麦杯

3500 日元

陶艺家芦田尚美设计的 AMETSUCHI 系列陶瓷杯。设计灵感来自天空与大地，靠近杯底的曲折红线则象征着分割天空与大地的连绵山峦，这道红线是杯子最显著的特点。该系列杯子还有一个极容易被忽略的小心机，当你看向空无一物的杯底时，会发现一枚小小的兔子头。

133　三三屋原创餐盘

3800 日元

餐盘共三款。基本款印有三三屋的花纹。舞伎款的作者白根 YUTANPO 活跃于日本广告杂志业，作品带有明显的幽默与反讽特质。插画家 Noritake 设计的浴衣小人款更是独特，小人弓腰模仿拱桥造型，有趣极了。

好宿

01 在川 · 合庭：青山周平为你改造的京都梦想之家

好宿

在川·合庭：青山周平为你改造的京都梦想之家

撰文 ◎ **骆仪**　　图片 ◎ **李源、周天垠**

如果想要体验地道京都人的生活，京町家旅馆或许是最好的入口。

好宿

在川 · 合庭

知名青年设计师青山周平在日本的第一个
设计作品，改造自百年京町家，于 2018
年春天开业，在保留原始建筑结构的前提
下进行现代化改造，不仅保留了许多京町
家的典型元素，还带有鲜明的青山周平个
人风格。

地址：京都市下京区俵屋町（堺町通）
225 号　电话：075-211-7370　预订：
zh.airbnb.com/rooms/22457936

· · · · · ·

亮点

1. 拥有京町家少见的开阔庭院，四时风景
如画。

2. 走廊变身展览空间，门口的枯山水与庭
院遥相呼应。

3. 精心选用的诸多家居好物让居住更有
温度。

匠人

青山周平

B.L.U.E. 建筑设计事务所创始合伙人、主
持建筑师。1980 年出生于日本广岛县，
2012 年成为北方工业大学建筑与艺术学院
讲师。2015 年，青山周平因参加东方卫视
节目《梦想改造家》而为中国观众所知，
声名鹊起，主要设计作品有南锣鼓巷大杂
院住宅改造、灯市口 L 形之家、原麦山丘等。

左图：合庭的客人可以预约中文讲解的私
家抹茶课

京都有一些美藏得很深。在宁静的街巷漫步，深褐色的木造町屋门窗紧闭。偶尔有间开门营业的店，能让你透过窄窄的门、狭长幽深的店面，窥见坪庭上的一片绿意，激起想要深入探访的冲动。京都有着古都的傲娇气场，拒生客于千里之外，如果不想做个匆匆打卡的过客，想要体验地道京都人的生活，京町家旅馆或许是最好的入口。而且，这家旅馆最好远离景点，安静地藏在居民区深处，像地道的京都店铺一样，门面低调，不张扬、不吆喝，进门另有一番天地。

经过近两年的漫长设计与改造，日本设计师青山周平设计的京町家旅馆在川 · 合庭于 2018 年春天开业。旅馆坐落在鸭川下游西畔的五条俵屋町，周围坐落着许多京町家，斜对面是获米其林推荐的百年鳗鱼饭餐厅江户正，但罕见游客踪影。"在川"出自《论语》"子在川上曰，逝者如斯夫"，又有"在鸭川畔"之意，"合庭"则生动体现了京町家的建筑结构形态。

· · ·

❖ **青山周平的日本首秀**

京町家是京都现存最古老且最具代表性的一种商住两用建筑形式，已有超过 1200 年历史，主要集中在上京、中京、下京和东山区一带。典型的町屋呈长条形，被比喻为"鳗鱼的寝床"，前店后住，朝街的门面对外营业，往往有"格子"（木栅栏窗），中间有庭院，里面是店家的私人居住空间。据说以前按房屋的临街面积来收税，所以人们都把门面做得很小。

拥有百年以上历史、使用传统木造轴构法建成的房屋才能被称作京町家。传统京町家冬寒夏暑，未经改造前并不宜居，且维护成本很高。根据京都市政府的统计，2009 年还有 4.8 万京町家，到了 2017 年初只剩 4 万家，空置率从 10% 上升到 14%，且每年以接近 2% 的速度消失。

青山周平说，町屋并非京都独有，但在经历了江户火灾、东京

在川 logo，"在川"有"子在川上曰"和"在鸭川畔"的双重寓意

大地震、大阪地震和战争后，日本保留有町屋的地方已经所剩无几。"我一直在做中国老城区改造，包括北京四合院和苏州大宅，所以对改造京都的老房子非常感兴趣。当时有几个日本的项目找到我，其中合庭是改造京町家，我就选定它为我在日本的第一个项目。"

. . .

❖　**坐在缘廊，独享百年庭院**

来到合庭门口，透过玻璃门就已经能看到一方袖珍枯山水和长廊尽头的庭院。枯山水里除了寻常的碎石子和假山外，还有一尊石灯笼。它原本摆在庭院里，已经有上百年历史，因久经风霜从底座断成两截，造园师松山康彦没有把它当作垃圾扔掉，而是变废为宝造出新的枯山水。石头和岁月的意味从门口一直延续到庭院。

"当你来到合庭的门前，首先体会到的是京都的日常生活气息，"青山周平说，"打开门，通过这个像隧道一样的走廊，慢慢进入属于自己的空间。"走廊是青山周平个人最得意的改造。原来的走廊仅仅是个通道，现在不仅在视觉上做了改变，还可以成为展览空间。"大多数町屋旅馆都比较私密，但在合庭，走廊是对城市开放的。其实町屋本身就是一种街区和私密生活的

在川·合庭的庭院将日本传统造园技术与石组结合，突出纯粹柔和的氛围／摄影 ©
Toshiyuki Yano

与植物一起度过悠闲时光

结合体，合庭的走廊对外、房屋和庭院对内，是对町屋这种城市建筑的最好诠释。"

庭院里长着一棵枫树，深秋季节一片火红，与茸茸的青苔十分相衬。庭院地道的名字叫"坪庭"，特指在房屋内，被建筑物或围墙包围起来的小庭院。在高密度的街区里，再小的町屋有了坪庭，都能拥有自己的小自然，感受到四季风景的变化。不仅如此，坪庭还有实用功能，能够改善狭长町屋的通风和采光。许多由町屋改造而成的咖啡馆和餐厅都有很美的坪庭，但大多非常袖珍，且被玻璃窗包围着，无法亲近。合庭的坪庭则是开放式的，坐在一楼缘廊的布团上喝茶，静静融入这方仅属于自己的坪庭，能够让人找到在京都寺庙里的出世感。"这次设计庭院，因为是用于住宿，所以将日本传统造园技术与石组结合，希望表现出柔和的氛围，像背景音乐一样平和宽广。"日式庭院与禅宗有着千丝万缕的联系，造园师说的话也蕴含着禅意。

缘廊是日式建筑的另一特征，特指房间外、屋檐下方的空间。与普通门前走廊相比，缘廊是用障子门（纸拉门）而非实体墙做隔断，拉开门，缘廊和里面的榻榻米房间就连接了起来，成为人工建筑和庭院自然环境的过渡。看电影《海街日记》时，我特别喜欢四姐妹坐在缘廊，看着院子里的梅子树聊天的场景，常常梦想着入住一间有缘廊的日式老房子，到了今天，这个愿望终于在合庭成真。

. . .

❖　既传统又现代，既日式又国际化

进入一楼客厅，首先能看到床之间（壁龛）的插花和香港书法家华戈的墨宝"在川"。

走近一点，床之间的壁纸透出幽微而迷人的光芒。这是从云母唐长那里定制的唐纸，黄色唐纸上疏密有致地印着一棵棵松树，黄底银树，有雪松的意境，旁边的壁柜门上则是米白底色上的金松。这款"若松"是很具代表性的日式纹样，松树也是中国文化中的"岁寒三君子"之一，印在从中国传入的唐纸上再合适不过。光芒来自印刷颜料中的云母和胡粉（贝壳粉），在不同的角度和光线下会呈现出不同的质感，是照片难以拍出的美，亲眼见过一次就不能忘怀。为确保唐纸经久耐用不潮湿，在与云母唐长合作的职人来贴墙纸之前，需要先将墙壁进行修整并通风两天，之后才小心翼翼地贴上唐纸。客厅拉门上方的窗户则使用和纸，而唐纸因为价格更高，在如今普通的和式旅馆里难得一见。

难以想象，合庭的前身是一家还在使用中的铅版印刷厂。在保留町屋整体结构的大前提下，青山周平将其改造成地道的日式住所，同时添置了空调、卫浴、厨房等满足现代人居住需求的元素，客人可以自由选择睡床或榻榻米布团。一楼和二楼各自独立，分别有完整的起居室、卧室和卫浴，又共同享有庭院景观。简约风格的浴室以深灰色为主色调，大浴缸旁边的墙壁和天花板以"格子"装饰，传统日式与现代北欧的风格碰撞十分和谐。

"改造老房子的总体态度是尊重原来的房子，但不会刻意模拟原来的生活。所有地方的老房子面临的问题都一样，传统空间没办法满足年轻一代的生活需求，成了只有老年人生活甚

入住一栋有生命的老房子，坐在缘廊赏庭院，是许多人来日本的居住梦想

至被遗弃的地方，建筑和街区都丧失了活力，老房子也只能变成博物馆了。所以设计时还是要把现代生活放进去，让现代人住得舒服，才可以在延续中保留传统。"

更多的改造外行人看不出来。青山周平说，跟四合院不一样，町屋主要靠木头承重，墙面相对比较少，这里有些柱子已经腐坏到失去了支撑作用，二楼的阳台摇摇晃晃，需要花费很多精力做结构加固。而一楼走廊原先是有各种墙面、隔断的，为了实现直通效果，就需要调整结构样式和承重等。此外，在木结构的老房子里造浴缸，对工艺的要求是很高的。

. . .

❖ **在京都实现居住的梦想**

晚上，明月高悬，花园的灯光把树影打在墙上，如同一幅画。清晨，朝阳透过格子和草帘照进来，除了偶尔经过的路人，就再无人打搅阳光的脚步。都说町屋隔音差，但也只有在町屋，五感才会变得敏锐，只有在町屋，才能感受到京都的呼吸。

拥有京町家的京都是让人妒忌的。在我生活了多年的广州有非常漂亮的西关大屋，可惜由于改造成本太高，极少能像京町家一样转变成旅馆、餐厅、咖啡馆，在使用中延续它们的生命和美感。实际上，京都能实现华丽转身的京町家也不多。为了符

大浴缸的墙壁和天花板以"格子"装饰，有着浓浓的京都风

改造京町家需要付出很多金钱和时间，而最后呈现出的效果并不浮华，而是内敛的雅致

合现代人的需求和政府严格的建筑规范，改造京町家需要付出很多金钱和时间。但在京都改造老房子的好处在于，只要你愿意投入，就有许多匠人和好物供你选用，只要手艺的传统还在，町屋的历史感就不会在改造中失去。

一般人大概想不到，从建筑风格到选配的家居用品都非常日式的合庭背后是一家中国公司。在川旗下除了合庭外，还运营着清泉等一系列町屋旅馆。他们带着对京都传统的敬意和爱惜来拯救风雨飘摇的町屋。如同中国传统文化在日本得到传承一样，一些中国人对居住的梦想也得以在京都实现。

在京都，我穿上和服学习矜持走路，吃怀石料理，去寺庙参禅，避开人潮去逛只有京都人才知道的店，走在没有游客的街区，入住町屋，在属于自己的坪庭赏枫品茶，与有故事的京都好物为伴。这就是我梦想的京都之旅，像京都人一样生活着，哪怕只有短短几天。

茶几、卧室、座椅、书桌

女将[1]

妮子

在京都生活了近两年的上海姑娘，有多年线路设计和领队经验，既熟悉日本文化又懂得中国游客的需求，同时主持着在川旗下的和服体验馆"花见和服"和茶道教室。

【1】女将即料理屋、旅馆的女主人。

住合庭，游京都

K=《京都好物》　　N= 妮子

K：请介绍一下合庭所在的位置和街区。

N：合庭的位置属于洛中、京都的心脏地带，周围是地道京都人的家和店铺，邻里之间大多是好几代世交，很有人情味，在这里你可以感受到不受游客打搅的京都的真实模样。它距离佛光寺和 D&DEPARTMENT 很近，到锦市场、河原町商业街仅需步行十多分钟。从京都站来这里，搭地铁只要一站路，一家人打车来也很划算。最棒的是，鸭川就在 300 米开外，早上沿着鸭川跑步，傍晚坐在鸭川的河堤上看日落，会是让很多人羡慕的梦想京都生活。

K：合庭会为客人提供什么特色服务吗？

N：很多人既想体验 Airbnb 的本土感，又割舍不了酒店的标准化服务。而合庭的服务介于两者之间，一方面，我们提供酒店级别的硬件和客服，另一方面，客人在入住期间享有完全的私密性，可以把它当作自己在京都的家。很多京町家旅馆有各种各样的规矩，甚至有门禁时间，在合庭可以放轻松。

这些年中国游客的旅行方式逐渐从看景点转变为体验式旅行，而这正是我们的长处。客人在京都的假期可以这样过：穿上和服参加由我带队的京都日游路线，在游玩中了解京都文化，拍下美美的照片；上一堂地道的抹茶课（日游和抹茶课均为中文讲解，仅限入住客人参加，享有包团待遇）；京都许多高级料理餐厅都有不接生客的傲娇，没问题，我能替你预约。合庭的清水烧茶具如果用着喜欢，就可以订一套带回家。合庭还将不定期举办日本器物展，让你足不出户就可以欣赏美物、美器乃至将其收入囊中。

入住合庭你将拥有的不光是住所，还有地道的京都吃、玩、购体验，是你理解京都的入口。你将收获的不是五星级酒店的奢华和服务，而是一个既懂京都又懂你的朋友，能够带你深度体验京都人的生活方式。

合庭好物

I　　门板·阶梯式抽屉

阶梯式抽屉是日本人家中常见的家具，能高效利用空间进行收纳。合庭的抽屉板由原房屋残旧的门板改造而成，天然的复古家具能让从前的气息延续至今。有些抽屉可以拉开，有些不能，也为住客提供了猜谜游戏的乐趣。

II　　柳宗理·蝴蝶椅

日本现代工艺设计大师柳宗理 1956 年的代表作蝴蝶椅，仅厚 7 毫米，有三个接合点，弧度优美如蝴蝶双翅，小而轻巧却能承载很大重量，在米兰三年展上夺得金奖，被纽约现代艺术博物馆收藏。合庭的蝴蝶椅和座椅子（用于榻榻米的无脚靠背椅）均由仙台市知名木家具企业天童木工制作。

III　　云母唐长·"若松"壁纸

唐纸从中国传入日本，本是贵族写信吟诗时使用，镰仓室町时代开始用于壁纸和屏风等室内装饰。创立于 1624 年的云母唐长如今传承到第十一代目，几乎是硕果仅存的唐纸老铺。合庭定制的"若松"是古代保存下来的 650 种纹样之一。

IV　　华戈·"在川"题词

祖籍广东顺德的华戈早年间在香港砵兰街摆摊写店铺招牌，导演萧若元慧眼识字，邀请他题写电影片名《跛豪》。名声传开后，从《倩女幽魂》到《一代宗师》等占据了香港半壁江山的电影片名均出自华戈笔下。"川"字运笔写出了河川的流淌之意，犹如一幅写意水墨画。

_V_   CRASH GATE · 复古松木立镜

CRUSH GATE 的家具全部采用旧材料，只为回味时光的痕迹。立镜由旧松木加工而成，在长时间使用中留存的有关生活的记忆，被一丝丝地嵌入木材的纹理之中。旧松木的磨损、褪色与自然剥落，成为家具的独特韵味，或许人在照镜子时，能从中一窥岁月的流逝。

_VI_   一保堂茶铺 · 烘焙茶

坐在缘廊喝茶赏庭会是你入住合庭最美好的体验之一。合庭选用的烘焙茶是一保堂茶铺的人气商品，茶汤为清澈的赤茶色，香气浓郁，可以用热水直接冲泡，适合餐中、餐后及需要补充水分时饮用。

VII 中村亮平 · 茶杯

中村亮平是京都清水烧世家四代目，但他制作的青瓷并非传统的清水烧，而是用传统工艺融合现代设计而诞生的作品。"用之美"是他想要强调的理念，即在每日的使用中感受美与和谐。合庭选用的竖条纹茶杯，精致耐看又防滑。

VIII 洛中高冈屋 · 布团

洛中高冈屋创立于大正八年（1919 年），其当家产品布团采用西阵织等日本传统技法，保留了和文化的精髓。近年来洛中高冈屋还积极调整材料并融入更多现代设计，为传统的布团注入了更多新颖的元素。合庭选用的布团配色雅致，从缝制到棉花填充均为匠人手作。

好食

好食 - 01

京都和果子老铺巡礼

撰文 ◎ 林奕岑　　图片 ◎ 林奕岑、圣护院八桥

如何让新世代重新认识并喜爱传统日式甜点，是所有和果子老铺共同面对的课题。

小锦囊

和果子、洋果子、和洋折中

和果子是日本传统点心（果子）的总称，以点心的含水量不同分为生果子与干果子两大类。

洋果子是对源于西方世界的糕饼的总称，明治时代起，欧洲糕点大量传入日本，为了与日本的传统点心相区别，人们把蛋糕、饼干、巧克力等以小麦粉、蛋、牛奶、砂糖为主要原料且从西方传来的点心统称为"洋果子"，而原本主要以米、糯米、砂糖制成的本土果子，则被冠上了"和"这个字。

由于日本料理人讲究使用当季与当地食材，因此也常见西点师傅将代表日本饮食文化的抹茶、清酒等材料灵活运用在洋果子创作之中。同理，近年来许多和果子职人也勇于尝试用巧克力、白兰地等西点常用素材创作新形态的和果子。这就是所谓的"和洋折中"（日本风与西洋风的融合）。

老铺新表情

如艺术品般表现季节更迭之美的和果子，是日本饮食文化的象征之一。近年来，海外观光客对和果子手作课程追捧有加，但和果子却不受日本国内年轻人的青睐。如何让追捧西式点心的新世代重新认识并喜爱传统日式甜点，是日本所有和果子老铺共同面对的课题。

以下三家京果子老铺，都是在新一代继承人的努力下，巧妙运用传统技术与本地食材开发新品牌的典范。他们不只让老一辈大开眼界，也吸引年轻客层回流。

❖ 圣护院八桥 × nikiniki

对日本人而言，"八桥"和"生八桥"绝对能排进京都最具代表性的伴手礼前三名。两者的原料都是米粉和砂糖，八桥另外加了肉桂并经过烘烤，口感爽脆，呈肉桂色古筝形，得名自日本知名的古筝祖师爷八桥检校。生八桥顾名思义就是生的饼皮，未经烘烤，口感筋道，通常带馅。

然而，京都本地年轻人平时很少吃八桥和生八桥。创立于1689 年的圣护院八桥的现任专务董事暨社长独生女铃鹿可奈子发现了这个问题并大胆创新，于 2011 年推出了新品牌"nikiniki"，以延续三百多年的生八桥为素材，为新世代提供全新吃法。

新品牌 nikiniki 的店面设计充满法式风情，连果子都以法文命名，乍看之下还以为是洋果子专门店。代表商品"carre de cannelle"（cannelle 即肉桂，在此代表生八桥；carre 意为正方形）的最大特色就是可以自由组合：从五种正方形的生八桥饼皮以及包含当季限定的数种馅料之中自选喜爱的口味，组成一朵像花一般的生果子。而"le gateau de la saison"（意为"季节的生果子"）系列则不拘泥于生八桥的传统造型，化身成可爱的樱

圣护院八桥

左图：日本的和果子总是精巧美丽，让人不忍下口。/ 摄影 © superwaka

花（春）、西瓜（夏）、舞伎与枫叶（秋）及圣诞树（冬），与四季共舞。

就这样，老铺新品牌 nikiniki 以其独创巧思与时髦可爱的外形，吸引了日本年轻人回头品尝这款诞生于京都的代表性和果子生八桥。

❖ 龟屋良长 × 吉村和果子店

1803 年创业的龟屋良长，初代为利用好水源制造好果子，特意将本店设在京都三大名水之一的醍井水旁，目前传承到第八代吉村良和、吉村由依子夫妇。代表铭果"乌羽玉"，外表如宝石般乌亮，内馅使用冲绳波照间岛生产的黑糖与红豆沙，绵密甘美，是两百多年来人气不坠的商品。

虽曾是江户时代的上果子屋[1]之一，龟屋良长也曾历经严重的经营危机。为渡过难关，社长夫人吉村由依子将许多商品从外观包装到制作方式全部进行革新，本社还于 2016 年创立了健康取向的新品牌"吉村和果子店"，由吉村由依子亲自担任店长。干果子"宝红包"就是龟屋良长与 SOU · SOU 协作创新的产品，和三盆糖被做成具有美好寓意的隐身草、金币、米袋、梅花、七宝等造型，

[1] 上果子屋为江户时代专供上流阶层的高级和果子店。

吉村和果子店店长吉村由依子

装进 SOU · SOU 的伊势木棉红包袋中，别出心裁。吃完糖，小袋子还可以继续使用，美观而环保。

曾经留学法国学习糕点的吉村由依子把和洋折中的精神发挥得淋漓尽致，将原本熬煮红豆剩下的煮汁（一般都被丢弃），混合在洋果子常用的素材蛋白霜中，再以低升糖指数的椰子花蜜糖取代白砂糖，佐以抹茶、有机玄米、南瓜子等对健康有益的食材，制成了口感像传统日式干果子般的新式烤饼干"凤瑞烧果子"，强调甜蜜无负担，广受各界好评。

❖ **龟屋清永** × Wonder Sweets KIYONAGA

你能想象在京都竟然可以吃到千年前的唐朝果子吗？创立于1617 年的老铺龟屋清永的代表果子"清净欢喜团"，由奈良时代的遣唐使从大唐习得，原本是日本佛教宗派天台宗与真言宗举行密教仪式时的供奉品。龟屋清永从素有"日本佛教母山"之称的比叡山的高僧处得到秘方，制法一子相传，门外不出。

龟屋清永

清净欢喜团用糅合了米与小麦粉的表皮，包裹着佛教中象征清净的白檀、桂皮等七种香料，混合红豆沙做成内馅，再用胡麻油油炸而成。形状像金袋，上方的八个结代表西方极乐世界里的八叶莲花。打开包装，馥郁的麻油香气扑鼻，外皮口感酥脆，内馅层次丰富，无论是外观还是口味都是当今少见。

清净欢喜团

这样一间传承了千年历史之味的老店，同样需要拓展年轻客层。于是，少主（未来的第十八代目）于 2017 年在锦小路通上开设了"Wonder Sweets KIYONAGA"。一走进由土耳其蓝与粉色系构成的店铺，就仿佛展开一场奇幻甜点之旅。果子的外形有星星、爱心等，内馅则以莓果与白巧克力代替红豆沙，此外还有巧克力羊羹、巧克力麸烧饼干等，摆放在橱柜中，就像饰品珠宝一般华美。店内还为客人准备了可以坐下来慢慢品尝的沙龙区。

仅此一家

❖　绿寿庵清水：日本唯一的手作金平糖

小巧多彩、形状像星星的金平糖，16世纪时从葡萄牙传入日本，其语源是葡萄牙文"confeitos"，意为"糖果"。当时，一位名叫路易斯的传教士到二条城觐见织田信长，礼物之一就是金平糖。

此举令喜爱甜食的信长大喜，从此包括金平糖在内的各种"南蛮果子"[1]渐渐在长崎、京都与江户（东京）流传开来。当时金平糖是上流社会的特权点心，制作方法也是机密。到了明治时代，金平糖才庶民化，成为日本街坊零食杂货店最常见的驮果子（平价点心）之一。

【1】南蛮果子是指由南蛮传入日本的点心，特别指西葡两国。

制作金平糖，需将砂糖与新引粉（糯米粉的一种）置入缓缓转动的高温大铜锅中，之后徐徐加入糖蜜，手工反复拌炒。整个过程需要14到20天时间，过程中气温、湿度与铜锅转动角度等因素都会影响最后的形状。一颗颗如宝石般的金平糖，无疑是职人经验与技艺的结晶。

需要排队抢购的金平糖

现代的金平糖多以机器大批量生产，而在京都百万遍的一条巷子里，有着日本唯一手工制作金平糖的专门店"绿寿庵清水"。它成立于 1847 年，曾获奖无数。店内贩卖约六十种金平糖，从贵腐葡萄酒、白兰地等最高级品，到一月梅、三月樱花、七月西瓜、十月丹波黑豆等季节限定品，再到入门的小袋包装（菠萝口味最受欢迎），应有尽有，自用送礼皆宜。

由于纯手工制作，部分商品必须提前几个月预约。值得一提的是，日本皇室婚礼的引出物（回礼）之一，也是委托该店特制，这更突显了绿寿庵清水在日本金平糖界的尊爵地位。

❖ 啸月：日本第一名，仅限预约

日本著名食评网站 Tabelog 票选出的全日本甜点和果子类第一名就在京都，它就是位于京都北部一个宁静住宅区内的"啸月"。啸月不打广告、不到百货公司开专柜，最重要的是，如果不事先打电话预约，根本就吃不到。该店在接单后才会开始制作，平均每天推出四至六款，并依季节更迭推出应景之作。招牌商品"金团"（きんとん）口碑之高，和果子迷岂能错过。

啸月

我在深秋时节预约了四个，其中两个指名要金团，另外两个"请店家做主"（お任せ），然后在与店家约定的时间内自行取货。掀开写着"啸"字的灰色暖帘，小小的店铺内既没有陈列果子的柜台，也没有座席，柜台里只摆放着一盒盒写好预约客人姓名的生果子。

和果子 村雨

众所皆知，和果子不只是甜点。它在讲究季节美感的同时，命名也大有学问。金团果子名为"锦绣"、上用馒头名为"春日野"、村雨果子叫作"细石"。虽然都是红豆馅，但是口感与甜度略有差异。金团不愧是镇店名物，整体优雅细致、入口即化。上用馒头有点类似豆沙包，绵润饱满。但村雨最让我感到惊艳！无论是视觉还是口感，都令人陶醉不已，仿佛漫步在晚秋落叶缤纷的石板道上。

老铺中的老铺

❖ 一和"炙烤团子"：创业千年只卖这一味

一和外观

一二百年历史的老店在京都比比皆是，但是开了一千多年，且千年来只专注制作一种果子——炙烤团子（あぶり饼）的店，不要说在京都，恐怕放眼全世界也难找到第二家。这家专注的老店就是位于京都紫野地区的"一文字屋和辅"，简称"一和"，于长保年间（约公元 1000 年）创立，目前已传到第二十五代。

每个炙烤团子仅有拇指大小，一支竹签穿一个，一份有十五串。团子蘸上黄豆粉炭烤，之后再淋上咸中带甜的白味噌酱调味，趁热吃口味最佳。相传平安时代一条天皇的皇太子生病，一和就献上这款保佑厄除的炙烤团子。烤团子也是今宫神社趋吉避凶的神供品，所以民众普遍相信吃了烤团子就能无病息灾保平安。

在一和看老板烤团子

❖ 龟屋陆奥"松风"：以点心对抗织田信长

龟屋陆奥"松风调进所"

创立于 1421 年、目前传承至第二十一代的龟屋陆奥的镇店之宝是一款名为"松风"的白味噌烧饼。龟屋陆奥的店铺招牌写的不是自家屋号，而是大大的"松风调进所"五字，足以看出其对松风烧饼的自豪。松风的口感类似山东大饼，很有嚼劲，黏稠细致，是京都人从小吃到老也吃不腻的点心。

松风烧饼最初是寺院兵僧的粮食。日本战国时代，想要一统天下、削减寺院势力的织田信长与石山本愿寺展开了长达十年的石山合战，当时被信长军队长期包围的本愿寺陷入断粮之苦，于是龟屋陆奥当时的第三代店主研发出以面粉、砂糖、麦芽糖和京都人爱用的白味噌混合烤制，上面撒满芥子籽的点心，提供给本愿寺显如上人（本愿寺第十一代法主）以及兵僧、信众食用。后来信长与显如上人达成协议，结束了战争。之后，曾作为军粮的松风并没有退出历史舞台，而是继续以四百多年来不变的美味，受到世世代代京都人的喜爱。

❖ 长五郎饼：丰臣秀吉赐名

长五郎饼店内

时光倒回到四百多年前的京都北野天满宫。作为供奉"学问之神"菅原道真的天满宫总社，每逢热闹的缘日，北野天满宫中总会聚集大量信众与摊贩。其中有个名叫河内屋长五郎的老伯总是带着五六个小小的麻糬饼来卖，麻糬饼皮薄而柔软，红豆馅甜度适中，吃过的人无不称赞。

公元 1587 年，丰臣秀吉平定了九州岛，其宅邸聚乐第也刚好落成，丰臣秀吉便在北野天满宫举行大茶会，当时长五郎也献上了这款外观朴实的茶果，秀吉一吃倾心，将其命名为"长五郎饼"。

长五郎饼本店位于北野商店街，不过在北野天满宫内也设有茶店，每月仅于 25 日开张，颇有当年长五郎在天满宫卖饼的感觉。食客可以买了在店内食用，也可外带。

134 le gateau de la saison

550 日元（两个一组）

. . . .

圣护院八桥 总店

地址：京都市左京区圣护院山王町 6　电话：075-752-1234
营业时间：08:00—18:00 官网：www.shogoin.co.jp

nikiniki

地址：京都市下京区四条通西木屋町角　电话：075-254-8284
营业时间：11:00—19:00

135 凤瑞烧果子

750 日元 /9 个

136 干果子·宝红包

700 日元

. . . .

龟屋良长与吉村和果子店

地址：京都市下京区四条通油小路西入柏屋町 17-19　电话：
075-221-2005　营业时间：09:00—18:00（1月1日至1月2
日休息）官网：kameya-yoshinaga.com

137 巧克力羊羹

500 日元

. . . .

龟屋清永本店

地址：京都市东山区祇园石段下南（八坂神社斜对面）电话：
075-561-2181　营业时间：08:30—17:00（周三休息）官网：
www.kameyakiyonaga.co.jp

Wonder Sweets KIYONAGA

地址：京都市中京区占出山町 301　电话：075-354-5422
营业时间：11:00—18:30（周一休息）

138 哈密瓜与桃子味金平糖

555 日元（礼盒费用另计）

. . . .

绿寿庵清水

地址：京都市左京区吉田权殿町 38-2　电话：075-771-0755
营业时间：10:00—17:00（周三及每月第四个周二休息）官网：
konpeito.co.jp

139 金团·锦绣

430 日元

· · · · · · ·

啸月

地址：京都市北区紫野上柳町 6　电话：075-491-2464（完全预约制）　营业时间：09:00—17:00（周日及节假日休息）

140 炙烤团子

500 日元

· · · · · · ·

一和

地址：京都市北区紫野今宫町 69（今宫神社参道）　电话：075-492-6852　营业时间：10:00—17:00（周三休息）

141 松风烧饼

650 日元 /8 枚

· · · · · · ·

龟屋陆奥

地址：京都市下京区西中筋通七条上ル菱屋町 153　电话：075-371-1447　营业时间：08:30—17:00（周三休息）官网：kameyamutsu.jp

142 长五郎饼

840 日元 /6 个

· · · · · · ·

长五郎饼

地址：京都市上京区一条七本松西　电话：075-461-1074营业时间：08:00—18:00（周四休息）　官网：www.chogoromochi.co.jp

好食 - 02

西洋果子京都心

撰文 ◎ 骆仪　　图片 ◎ 骆仪、Malebranche、然花抄院

无论是抹茶巧克力饼干、俄罗斯饼干还是长崎蛋糕，都带着浓浓的京都风情。

【1】定番原意为"固定番号",指商店里固定销售的商品,不受潮流变化影响,如今常用于形容"固定的事物",如游客到某个地方必吃的食物、必去的景点、必买的伴手礼,都可以称为该地的"定番"。

❖ Malebranche：京都洋果子之定番 [1]

外地人到京都往往会买盒八桥作伴手礼,而京都人赠送亲友的洋果子定番则是 Malebranche 的茶之果。Malebranche 在日本的分店虽多,茶之果却仅在京都销售。

Malebranche 本店位于京都北山府立植物园对面,从名字到装修风格都是浓浓的欧式风情。一进门,左边的饼干柜和右边的西洋糕点柜会让人立马陷入深深的纠结,每一件都实在是太美了!

第一次来,我还是规规矩矩地选了代表作：浓茶猫舌饼干茶之果。"猫舌饼干"(ラングドシャ)来自法语"Langue de chat",因饼干呈长形且薄薄一片、宛如猫舌头而得名。日本最有名的猫舌饼干就是北海道的"白色恋人"了,而在京都,这个桂冠属于茶之果。

作为一种抹茶白巧克力夹心饼干,茶之果的制作要从抹茶说起。

抹茶分为浓茶(也称"厚茶")和薄茶(也称"淡茶")两种饮用方式,前者使用更多的抹茶粉、更少的水,茶的甘味和质感都比后者更加浓郁。因为抹茶粉比例高,就必须选用等级最高、品质最佳的抹茶粉才不会苦涩。Malebranche 从茶叶阶段开始严选,定期造访宇治白川的合作茶园,采摘遮光生长、一年只摘一次的茶树新芽。由于茶叶口感会受每年气候影响,茶叶还需要经过一道混合工序,经 Malebranche 自家的鉴茶师评判,保证调出的浓茶口味稳定,色香味俱佳。两片猫舌饼干,中间加入有浓郁牛奶香和甜味的白巧克力夹心,一口咬下去,十分清脆,浓浓的茶香从舌尖传来,随后是白巧克力的香甜。甜味和涩味、奶香和茶香在嘴里达到最佳平衡点。

茶之果在颜值上也是无可挑剔的,它表面细腻平整,正中分别有"京""茶""果"三种烧印,体现了重视纹饰的京都文化。

Malebranche 北山店

左图：然花抄院抹茶饼干

红果子蛋糕看起来十分诱人

茶之果已经够美，生茶之果更是会让你面临选择困难。小山造型、通体墨绿的生茶之果，原料同样是抹茶和白巧克力，区别在于生茶之果是将两者混合制成生巧克力蛋糕，入口即化（建议品尝前先冷藏）。

Malebranche 可谓是京都洋果子店的代表。1951 年一家名为 Roman 的咖啡店在京都河源町三条开业，生意兴隆，于是老板建立食品公司，1982 年抓住西洋甜点在日本受欢迎的热潮，开设了 Malebranche 北山本店。三十多年来，Malebranche 的果子一直是西洋做法，但在卖相和材料选择上都有着浓浓的京都风。例如丹波黑豆制成的黑豆海绵蛋糕，表面的格子图案显然模仿了日本造园名家重森三玲的代表作，东福寺方丈庭院。而丹波黑豆、美山鸡蛋、和束绿茶、城阳无花果、园部山羊芝士等食材，均是京都府土产，更不用说茶之果的抹茶了。

Malebranche 深谙日本送礼文化，在包装上做足了功课。同是生茶之果，岚山店的包装盒以竹林为装饰，区别于本店。此外还提供京游记礼盒，由顾客自选三种果子，装进典雅的黑、橙、黄三色的祥云纹礼盒中，再用风吕敷包起来，春夏季是粉蓝色风吕敷，秋冬季是粉红色风吕敷。看到这么美的包装，哪怕没有送礼需求的我都想买椟还珠了。"加加阿 365"则是 Malebranche 旗下的巧克力品牌，定位更加年轻化，包装活泼可爱，365 的寓意是全年 365 天都像巧克力一样香甜幸福。

当然如果你不赶时间，又运气好碰上咖啡区域没满座，那么坐下来点一份甜品，再带一包饼干回家才是最完美的。我在日落时分到达，被告知多款蛋糕已售罄，玻璃柜里摆着的都是顾客预订好的，看得到却吃不到，可恨！好在此时非常应景的日落慕斯蛋糕（夕映え）还有货，味道和卖相一样惊艳，橙红到黄渲染过渡的蛋糕表面仿佛把壮观的夕阳霞光凝固一般，一层薰衣草蜂蜜令蛋糕看起来更加晶莹，而藏在蛋糕里的草莓果肉和开心果碎带来酸酸甜甜又香脆的丰富口感。

昭和初期的村上开新堂与现在的村上开
新堂

❖ 村上开新堂：京都最古老的饼干铺

有"日本最懂生活的男人"之誉的松浦弥太郎曾经在随笔集《日日 100》里写过一种饼干。他在朋友家做客，宴席近尾声，朋友和太太才郑重捧出一盒饼干，已经吃得所剩无几了，还说平时不舍得给别人吃，今天特别招待他。松浦拈起一颗粉绿色蛋白饼放入口中，"一种幸福感突然就涌上来了"，这也是他已故祖父最爱吃的村上开新堂的礼盒饼干。

村上开新堂有东京和京都两家店，系出同门。1868 年，村上光保响应国家政策学习西洋糕点制作技术，创立日本首家洋果子专卖店。村上光保的侄子清太郎随伯父学到西点技术后，于 1907 年在京都开店，从此开新堂在东京和京都花开两朵，各自发展成卓有声誉的洋果子老铺。

京都村上开新堂曾在东京大正博览会荣获金杯奖，在昭和大典时被选为宫内厅御用饼。清太郎自创的橙果冻"好事福卢"深受作家池波正太郎的喜爱，在《昔日的味道》一书中盛赞。好事福卢从大正后期销售至今，近百年来人气不减。京都人称，"夏天吃老松的夏柑糖，冬天吃村上开新堂的好事福卢"。使用纪州橙制作的好事福卢仅在每年 11 月到次年 3 月间销售，且必须提前预约，其他月份则销售新奇士橙制作的果冻。

店内的深深庭院

店内陈设典雅

"二战"期间，村上开新堂曾因为砂糖配给制停业，1951年重新开业，开始专注于制作俄式饼干。近年在 Tabelog 上排名前列的京都西点店，均以外形甜美精致的法式甜品见长，而村上开新堂则是唯一一家主打俄式饼干的店铺，也是京都最古老的洋果子店。常年有顾客挤在村上开新堂那并不大的柜台前，甚至坐下来填写一张快递单，将饼干送给远方的亲友。村上开新堂的俄式饼干口感比普通饼干松软，有浓香的黄油味，共有杏、葡萄酱、柚子酱、巧克力、葡萄干五种口味。这些饼干的造型朴实却让人欲罢不能，是京都人特别喜欢的零食，承载着许许多多人跟松浦一样的童年情结，就如同大白兔奶糖之于中国八零后。

位于寺町通的村上开新堂现址建于昭和初期（昭和年号始于1926年底），前店为西洋风格，后院为日式宅院，在当时属于相当奢华的建筑物。玻璃橱窗、大理石柱子、高挑天花板，都保留着浓浓的明治、大正风情。店里的横匾题字"开新堂"，出自日本近代书道之父日下部鸣鹤之手。

为了满足客人长久以来希望能在店内享受茶点的愿望，2017年春天，四代目村上彰一将店铺里间改成咖啡区，提供可以堂食的点心。这个和式空间仅有15个座位，原本是初代清太郎妻子的茶室，如今布置着北欧古董家具和丹麦设计品牌路易斯·波尔森的经典灯具，全锡皮柜台由清课堂打造，客人可以面向小巧宁静的日式庭院享用西点，还设有铺设榻榻米的小包间，氛围绝佳，日洋融合的建筑和设计堪称美学典范。

. . .

❖ **然花抄院：千年老街，新店古风**

纵贯京都的室町通是与京都同龄的古老街道，在1200年前京都建城时叫室町小路。1378年，足利家第三任将军义满在室町通建起奢华的"花之御所"，这就是室町幕府得名的由来。

室町通成为当时的政治文化中心，也就是室町幕府的"长安街"。江户时代，室町通开了多家销售和服的店铺，其中一家建于元禄十三年（1700年）的和服老铺，在2009年时被改建为洋果子店，即今天的然花抄院。在数百年老店林立的室町通，然花抄院只能算蹒跚学步的婴儿，由母公司大阪长崎堂"空降"到高手林立的京都，却迅速赢得了京都人的喜爱。

第一次到然花抄院，循着地图导航的我险些错过了它。白色暖帘上只有毛笔写的一横、四点，左下角的"然花抄院"四字极不起眼，果然是低调中透着设计感的京都范儿。水墨意境从暖帘延伸到茶寮"然"中的壁画，也延伸到果子的包装。

走进茶寮，我首先被敞亮的落地玻璃窗外的庭院吸引，也很幸运地坐到了面对庭院的茶席。庭院里有一株樱花树、一株枫树，四季都可以欣赏美景，还时不时举办茶道和花道活动。主打烘焙蛋糕和饼干的然花抄院属于洋果子店，但选址在1200年老街的300年町屋，可见然花抄院的当家荒木女士一心想要传承京都的古雅和风。老铺创新不怠，新店尊重传统，这就是京都。

到了然花抄院，不能不吃"然"长崎蛋糕（"然"かすてら）。黄澄澄的一块蛋糕，用甜品勺切下去绵软黏腻，其貌不扬，入口瞬间，醇厚的香味却让我忍不住发出低声惊叹。"かすてら"

绿色的沙发正好面对开阔庭院

抹茶蛋糕与"然"长崎蛋糕套餐，搭配
抹茶

即"Castella"，指一种海绵蛋糕，相传于 16 世纪时由葡萄牙传教士带到日本长崎，随后在日本流行开来，因此也被称作长崎蛋糕，是日本历史最悠久的洋果子之一。长崎蛋糕的原料很简单，只有鸡蛋、面粉和砂糖，通常呈淡黄色的长条形，上层有一层薄薄的饼皮。而"然"长崎蛋糕则呈圆饼形，以和纸包裹，包装盒也十分圆润，像鸡蛋壳一样。现代人做长崎蛋糕时往往加入蜂蜜以增加香甜味，然花抄院则坚持不加料，而是通过高级食材实现惊艳口感。以丹波黑豆喂养的纯种鸡所下的鸡蛋味道芳醇，每份蛋糕使用四只鸡蛋（比例高达 40%）。"然"长崎蛋糕圆润如鸡蛋的造型，也是为了强调它与鸡蛋的关系。另有抹茶味的"然かすてら碾"和更甜的"卵蜜"适合不同口味的顾客。

吃完甜点别匆匆离开，可以穿过走廊到 SUGATA 画廊逛逛。这里常年举办摄影展、器物展乃至寺庙和尚住持的坐禅冥想活动，能够让舌头与眼睛、身心都得到愉悦。画廊也就是町屋从前的后院部分，仍保留着昔日的烧柴大灶和刻着建造年号"元禄十三年"的柱子，以及当年通往北野的电车路面使用的石头。在京都，这样古老又宽敞的町屋已经很罕见了，回头看那幅暖帘上的毛笔字，原来还有炉灶点火的寓意。

143　茶之果 限定 京都

630 日元（5 块装）/1260 日元（10 块装）

· · · · · · ·

Malebranche · 京都北山本店

地址：京都市北区北山通植物园北门前　电话：075-722-3399
营业时间：零售部 9:00—20:00，咖啡区 10:00—20:00　官
网：www.malebranche.co.jp

144　生茶之果 限定 京都

630 日元（3 块装）/1050 日元（5 块装）

· · · · · · ·

Malebranche · 京都北山本店

地址：京都市北区北山通植物园北门前　电话：075-722-3399
营业时间：零售部 9:00—20:00，咖啡区 10:00—20:00　官
网：www.malebranche.co.jp

145　俄罗斯饼干

180 日元 / 块

· · · · · · ·

村上开新堂

地址：京都市中京区寺町通二条上ル东侧　　电话：075-231-
1058　　营业时间：零售部 10:00—18:00，咖啡区 10:00—
17:00（周日、节假日及每月第三个周一休息）　官网：www.
murakami-kaishindo.jp

146　"然" 长崎蛋糕

小 600 日元 / 大 1620 日元

· · · · · · ·

然花抄院 · 京都室町本店

地址：京都市中京区室町通二条下ル蛸药师町 271-1　　电话：
075-241-3300　　营业时间：11:00—19:00（每月第二及第四
个周一休息，若周一为节假日则延至周二休息）　官网：zen-
kashoin.com

好食 - 03

酒醒春晚漫思茶

撰文 ◎ 小绿　　插画 ◎ DNa　　制图 ◎ Nath

抹茶、煎茶、玉露……日本茶道的发源地京都从来都不缺好茶。

❖ 一保堂茶铺

创立于享保二年（1717 年）的一保堂茶铺，也是日本知名的茶叶老铺。一保堂主要贩卖的是香气持久、口感温润的"京铭茶"，由严格选自木津川、宇治川流域的优质茶叶，用宇治制茶法加工而成。一保堂的茶叶包装罐是非常有人气的，复古感十足，据说百年未变，包装纸则是印好的茶经。价格亲民又十分得体，是伴手礼的最佳选择之一。

京都本店门口悬挂的暖帘大方气派，颇具老店的威严感。店内装修多采用深色木材，简约而清雅，最适合品茶的氛围。店面里摆放着各种茶叶，让人眼花缭乱，而"云门之昔""若柳""芳泉"等茶叶的名字也颇为雅致。店里还有专门的喫茶室，可以在此学习如何选茶、沏茶、品茶。一保堂针对人们的不同需求精心准备了不同的茶叶，比如不喜欢涩味的人可以选"玉露·万德"，"抹茶·几世之昔"可搭配坚果巧克力，吃大福时则应该配"煎茶·松之绿"。

· · ·

❖ 祇园辻利

在京都，甚至在日本，最常见的茶叶招牌或许就是宇治茶"祇园辻利"了，不论是在商场还是车站，总能见到它的身影，还有色泽浓郁、香气诱人的抹茶冰激凌。和年轻人打成一片的祇园辻利是实打实的茶叶老铺，从 1860 年创业至今，已经有 150 多年的历史了。从招牌宇治茶"祇园辻利"便可以看出其发展脉络。发迹于宇治的茶叶制造商后来在京都祇园扎了根，并把茶饮品发扬光大。祇园本店已有 60 余年的历史，店内整齐摆放着各种茶叶与抹茶点心，恰到好处的灯光突显了高雅的氛围。

为了让年轻人了解正确的泡茶与饮茶方法，1978 年，祇园辻利店内的二三层开辟出了"饮茶道场"，命名为"茶寮都路里"。

这个名字大有深意，"都"指京都，"路"是京都主干道四条大路，"里"则指宇治茶之里，即宇治茶乡。茶寮都路里精选宇治茶叶，制作了多样的菜单，豆乳抹茶荞麦面、配料丰盛的抹茶布丁等，都是明星产品。

. . .

❖　中村藤吉本店

中村藤吉的历史可以追溯到遥远的 1819 年。那一年，初代中村藤吉的父母相识了。安政元年（1854 年），年轻的中村藤吉选了一个吉日，创立了这间茶铺。到了大正三年（1914 年），中村藤吉本店成功实现了电动化碾磨抹茶并申请了专利，在那之后，商店里的茶叶就成了大正天皇大典时的贡品。成为御用茶商的中村藤吉本店并没有停止发展的脚步，而是不断培育新品种茶树，不断开发新茶叶，还于 1998 年率先推出了独特的宇治抹茶冰激凌、抹茶鲜巧克力，广受好评。2001 年又开设了茶座，成功使老建筑焕发了新活力。在宇治总店，顾客们还可以享受亲自用石臼磨制抹茶的乐趣。

去平等院游览的旅客可能会去附近的中村藤吉本店平等院店歇脚。这座建筑的前身是备受文人墨客喜爱的旅馆菊屋万碧楼。2006 年重新开张，在保留传统外观的基础上将内部改为现代风格，与总店一起成为宇治的重要文化景观。

. . .

❖　上林春松

从永禄年间至今，上林春松已经创立 450 年，传承 14 代了。江户时代，春松家成为御茶师中等级最高的"御物御茶师"，受到幕府和各大名的庇护。明治时代，这些庇护全都消失了，必须克服危机的春松家开始贩卖当时新开发的玉露等茶，成为大茶商。经历了几百年的起起落落，春松家依然守护着自家的茶业，认真选茶、制茶。

现在，上林春松本店最吸引人的一点，也许是古老的"拜见场"，这是茶叶师傅们工作的地方。拜见场的墙壁向北倾斜，上面开有天窗，天窗投下的自然光经过倾斜墙壁的反射，微微照亮拜见台，这是茶叶师傅能利用的唯一光源。光线看似微弱，却能在任何时间感受同样的环境，这种设计在没有电灯的年代其实帮了师傅们大忙。拜见台与墙壁都是不反光的黑色，这是为了更好地评定茶叶的绿色。拜见场内唯一不是黑色的东西是拜见茶碗，白色的茶碗可以很好地分辨茶汤的成色。明明是检查茶叶品质的工作，却被称为"拜见"，从这一充满自谦的词语中，我们可以充分体会到上林春松四百年来从未改变过的对茶的敬意。

许多人不知道的是，古老又传统的上林春松竟然和代表流行的可口可乐公司有合作。2007 年，两家公司开始合作，次年推出了一款饮料，即如今随处可见的瓶装绿茶"绫鹰"。老铺在新时代也从未停歇。2015 年，上林春松被"日本茶 800 年之历史散步"评定为日本遗产。

. . .

❖ 伊藤久右卫门

打开伊藤久右卫门的官网，一句话跳了出来："给人生留下品茶的时间。"看似简单，却很耐琢磨。日常再忙，也要给自己留一点从容的余地与品味的心境，这大概就是这家老铺给人们的忠告吧。毕竟是从江户时代开始经营的老店，说起话来也像一位看透了世事变幻的睿智老人。

伊藤久右卫门注重创造性，注重宇治茶文化，注重京都的四季，也注重品茶者的想法，所以茶叶师傅们依然沿用传统的工艺做茶，但又在品种上不断求新。宇治本店中还装饰着不同的插花作品，人时时新，花也时时新，不变的是茶叶的芳香。

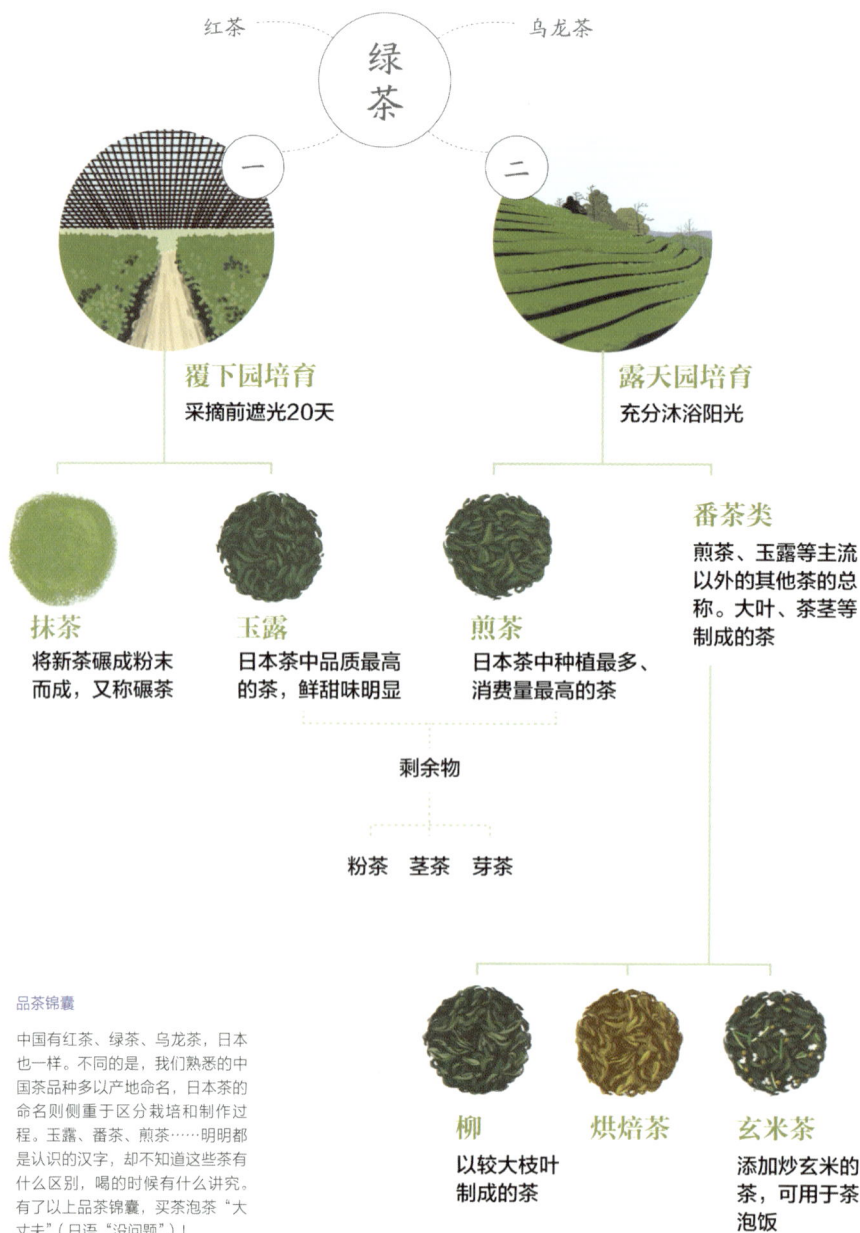

红茶 ⋯⋯⋯⋯ 绿茶 ⋯⋯⋯⋯ 乌龙茶

一 二

覆下园培育
采摘前遮光20天

露天园培育
充分沐浴阳光

番茶类
煎茶、玉露等主流
以外的其他茶的总
称。大叶、茶茎等
制成的茶

抹茶
将新茶碾成粉末
而成，又称碾茶

玉露
日本茶中品质最高
的茶，鲜甜味明显

煎茶
日本茶中种植最多、
消费量最高的茶

剩余物

粉茶　茎茶　芽茶

品茶锦囊

中国有红茶、绿茶、乌龙茶，日本
也一样。不同的是，我们熟悉的中
国茶品种多以产地命名，日本茶的
命名则侧重于区分栽培和制作过
程。玉露、番茶、煎茶⋯⋯明明都
是认识的汉字，却不知道这些茶有
什么区别，喝的时候有什么讲究。
有了以上品茶锦囊，买茶泡茶"大
丈夫"（日语"没问题"）！

柳
以较大枝叶
制成的茶

烘焙茶

玄米茶
添加炒玄米的
茶，可用于茶
泡饭

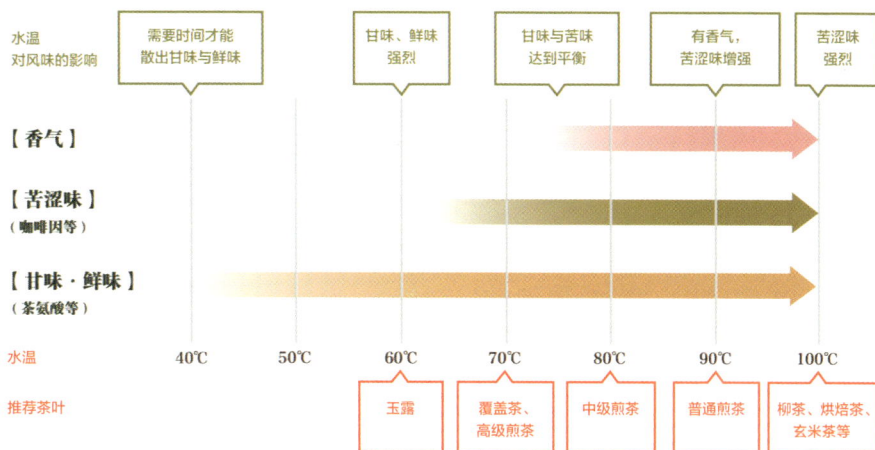

| 水温对风味的影响 | 需要时间才能散出甘味与鲜味 | | 甘味、鲜味强烈 | | 甘味与苦味达到平衡 | | 有香气，苦涩味增强 | 苦涩味强烈 |

【香气】

【苦涩味】
（咖啡因等）

【甘味·鲜味】
（茶氨酸等）

| 水温 | 40℃ | 50℃ | 60℃ | 70℃ | 80℃ | 90℃ | 100℃ |

| 推荐茶叶 | | | 玉露 | 覆盖茶、高级煎茶 | 中级煎茶 | 普通煎茶 | 柳茶、烘焙茶、玄米茶等 |

147 玉露·天下一

5000 日元 /50 克

一保堂最高级的玉露，能够充分感受到玉露特有的浓厚风味，但丝毫不涩，回味悠长。

· · · · · · · · · ·

一保堂茶铺·京都本店

地址：京都市中京区寺町通二条上ル　　电话：075-211-3421
营业时间：9:00—18:00　官网：www.ippodo-tea.co.jp

148 煎茶·松之绿

1500 日元 /175 克

一保堂煎茶中最清淡的煎茶，很好地平衡了茶的涩味与甘味。

· · · · · · · · · ·

一保堂茶铺·京都本店

地址：京都市中京区寺町通二条上ル　　电话：075-211-3421
营业时间：9:00—18:00　官网：www.ippodo-tea.co.jp

149

150

149　玄米茶·大黑

800 日元 /96 克

炒制玄米散发的馥郁香气与煎茶恰到好处的清甜融合在一起，便是极致好茶。特别适合清晨及用餐时饮用。

· · · · · · ·

祇园辻利·祇园本店／茶寮都路里

地址：京都市东山区四条通祇园町南侧 573-3　电话：075-551-1122　营业时间：10:00—22:00　官网：www.giontsujiri.co.jp

150　冷煎茶

1000 日元 /75 克

冷煎茶最适合在炎热的夏天饮用。将茶包放入杯中，倒入冰水，煎茶的色泽与香气便会缓缓释放出来，很是清凉爽口。

· · · · · · ·

祇园辻利·祇园本店／茶寮都路里

地址：京都市东山区四条通祇园町南侧 573-3　电话：075-551-1122　营业时间：10:00—22:00　官网：www.giontsujiri.co.jp

151

152

151　中村茶

1000 日元 /50 克

精选煎茶、玉露等七种茶叶混合而成，充分融合不同茶叶的风味，口感层次丰富。

· · · · · · ·

中村藤吉本店·宇治总店

地址：京都府宇治市宇治 1-10　电话：077-422-7800　营业时间：10:00—19:00　官网：www.tokichi.jp

152　抹茶羊羹

1200 日元 /300 克

添加优质抹茶粉的羊羹，口感软糯，适合老人及儿童食用。

· · · · · · ·

中村藤吉本店·宇治总店

地址：京都府宇治市宇治 1-10　电话：077-422-7800　营业时间：10:00—19:00　官网：www.tokichi.jp

153　御薄茶·琵琶之白

1600 日元 /40 克

宇治七茶园之一的琵琶茶园出产的名茶。

· · · · · · · ·

上林春松·本店

地址：京都府宇治市宇治莼山 10　电话：012-023-8866
营业时间：8:45—17:30　官网：www.shunsho.co.jp

154　雁音·折鹰

1200 日元 /100 克

精选茶叶茎部，茶香清爽。

· · · · · · · ·

上林春松·本店

地址：京都府宇治市宇治莼山 10　电话：012-023-8866
营业时间：8:45—17:30　官网：www.shunsho.co.jp

155　宇治抹茶·绿

1000 日元 /30 克

抹茶是日本茶的代表之一，伊藤久右卫门精选宇治新茶，以石磨反复碾压制成，富含氨基酸，味道鲜甜。

· · · · · · · ·

伊藤久右卫门

地址：京都府宇治市莵道荒槇 19-3　电话：077-423-3955
营业时间：10:00—18:30　官网：www.itohkyuemon.co.jp

156　宇治抹茶大福

1300 日元 /6 个

精选宇治抹茶，添加日式传统"和三盆"砂糖，配合以上等鲜奶油，口感软糯爽滑，老少皆宜。

· · · · · · · ·

伊藤久右卫门

地址：京都府宇治市莵道荒槇 19-3　电话：077-423-3955
营业时间：10:00—18:30　官网：www.itohkyuemon.co.jp

好食 - 04

调出地道京都味

撰文 ◎ **小绿**   插画 ◎ **橙七**

清新、精致的京料理背后，离不开这些京都特有的调味料。

人们常常将那些生活中不寻常的事件比作生活的调味料，比如一段浪漫的邂逅，或是一次精彩的冒险。其实，真正的调味料不仅可以让食物变得美味，还可以让普通的生活充满情调。

想要准备一桌地道的京都风味料理，将优雅的京都味道带回自家厨房的话，或许你需要以下的调味料。

157   Uneno 高汤粉·黄

1300 日元 /126 克

采用古法手工精制而成，保证无添加的天然口感。用鹿儿岛产鲣鱼节、纯天然利尻海带以及大分县出产的松茸熬煮出浓郁的高汤并制成黄高汤粉，最适合品相清新却味道精致的京料理。

· · · · · · ·

Uneno（うね乃）

地址：京都市南区唐桥门胁町 4-3   电话：075-671-2121   营业时间：周一至周五 9:00—18:00，周六 9:00—16:00（周日及其他节假日休息） 官网：odashi.com

158   泽井酱油本店·刺身酱油

410 日元 /100 毫升

泽井酱油创立于 1879 年，是日本有名的京町家酱油老铺。圆圈中套着一个"泽"字，便是其最醒目的标识。刺身酱油由职人使用传统方法酿制而成，可搭配刺身或日常料理，咸淡适中，口感醇香。

· · · · · · ·

泽井酱油

地址：京都市上京区中长者町通新町西入ル仲之町 292   电话：075-441-2204   营业时间：9:00—17:00   官网：sawai-shoyu.shop-pro.jp

159   Miel Mie 蜂蜜洋葱沙拉调料

650 日元 /150 毫升

蜂蜜与洋葱看似是不可能的搭配，但它是这家创立于 1930 年的 Miel Mie（ミール・ミィ）蜂蜜专卖店的明星产品。蜂蜜的甘甜与洋葱的辛辣交织在一起，令人回味无穷。除了位于京都三条的本店外，Miel Mie 在京都高岛屋、大阪的阪急梅田也设有分店。

· · · · · · ·

Miel Mie·三条本店

地址：京都市中京区三条通富小路西入ル中之町 21   电话：075-221-6639   营业时间：10:00—19:00 官网：miel-mie.com

160

160　原了郭·黑七味木桶装

900 日元 /6 克

原了郭自 1703 年起便开始制作香煎调料，独创制法代代相传，受到上至日本皇室、下至普通百姓的一致欢迎。把辣椒、粉山椒等七种材料研磨成黑色的七味调料，强烈的麻与辣能让食物的味道更加丰富。

· · · · · · · · ·

原了郭·本店

地址：京都市东山区祇园町北侧 267　电话：075-561-2732
营业时间：10:00—18:00（1 月 1 日至 1 月 2 日休息）　官网：
www.hararyoukaku.co.jp

161

161　本田味噌·柚子味噌

300 日元 /120 克

本田味噌本店是创立于 1830 年的味噌专营老铺，也是日本皇宫食材的供应商之一，讲究"滋味"与"酿造"，传承最正宗的味噌好味道。柚子味噌以著名的西京味噌为基础，添加了柚子，使味噌在散发温和本味之余，释放出沁人心脾、清新无比的柚子清香。

· · · · · · · · ·

本田味噌·本店

地址：京都市上京区室町通一条上ル小岛町 558　电话：075-441-1131　营业时间：10:00—18:00（周日休息）官网：www.
honda-miso.co.jp

162

162　村山造酢·CoChidori 米醋

450 日元 /100 毫升

村山造酢是江户时代享保年间开业的老店，无论是饭店还是京都普通人家，都习惯了村山造酢的味道。CoChidori 米醋温润的口感与绵厚的香气是老铺的新创意，除了本店外，还在京都四条"OTABI KYOTO"、JR 京都站新干线改札口内"舞伎"、祇园"Kurochiku"等店有售。

· · · · · · · · ·

村山造酢

地址：京都市东山区三条通大桥东 3-2　电话：075-761-3151
营业时间：8:30—17:00（周日休息）　官网：chidorisu.co.jp

163

163　村上重·千枚渍

5000 日元 /670 克

丹波产的圣护院圆菜头、北海道昆布海带与盐，如此简单的食材放在一起却能腌制出极其鲜美的味道。村上重的千枚渍传承 180 余年，是京都人冬日餐桌上不可缺少的美味。

· · · · · · · · ·

村上重·本店

地址：京都市下京区西木屋町四条下ル船头町 190　电话：075-351-1737　营业时间：9:00—19:00　官网：
murakamijyuhonten.co.jp

好食 - 05

尽欢不可无酒香

撰文 ◎ **小绿**　　插画 ◎ **橙七**

京都的酒，绵软温和，醉人无比。

日本有"男滩女伏"的说法，指的就是神户滩五乡地区出产的较为辛辣的酒与京都伏见地区出产的绵软温润的酒。伏见水质软，因而出产的酒品质卓越。早在安土桃山时代，伏见地区的住民们就开始酿酒了，此地可谓日本酒乡。

因此来到京都，不可不品酒。除了熙熙攘攘的居酒屋外，不少酿酒厂也有参观项目，游览时可以顺便尝一尝最新鲜的酒。此外，每年 11 月 11 日，伏见大手筋商店街还会举行伏见清酒祭。

左图：夕光中，樱花与清酒相映成趣。/ 摄影 © notsofar

164 月桂冠·超特撰·凤麟·纯米大吟酿酒

2478 日元 /720 毫升

提到日本酒，就不能遗忘 1637 年创立的月桂冠。凤麟开发于 1978 年，至今一直是月桂冠最高级的系列。它采用优质的山田锦米与五百石米发酵 30 天制成，口味略辛辣，但无比醇厚，连续五年荣获法国蒙特奖最高金奖，适合 5 ~ 15 摄氏度冷藏饮用。

·······

月桂冠大仓纪念馆

地址：京都市伏见区南浜町 247　电话：075-623-2056　营业时间：9:30—16:30　官网：www.gekkeikan.co.jp

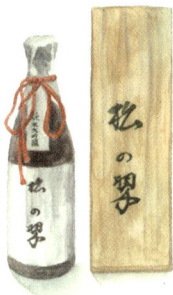

165 山本本家松之翠

10000 日元 /1800 毫升

山本本家的历史源于 1677 年，初代山本源兵卫在伏见地区七口井之一的白菊井附近开设了酿酒厂，渐渐成为京都名酒商之一。松之翠使用山田锦米制成，酒精度数为 15 度。因日本茶道流派表千家而妙斋千宗左宗匠的喜爱，这款酒也常被用于茶席。它的香气浓郁，含在口中也能体会到柔润的香气。

·······

山本本家·鸟せい本店

地址：京都市伏见区上油挂町 36-1　电话：075-611-0211　营业时间：11:00—23:00　官网：www.yamamotohonke.jp

166 增田德兵卫商店·祝米纯米大吟酿 限定 京都

2700 日元 /720 毫升

日本酒有清浊之分，浊酒的创始者是增田德兵卫。这家近 350 年历史的酒厂凭借前任社长开发的浊酒迅速打开市场，成为日本家喻户晓的品牌。祝米纯米大吟酿选用京都产的酿酒好米"祝"酿造而成，是浊酒中风味最佳的酒，冷藏饮用，口感十分清爽。

·······

增田德兵卫商店

地址：京都市伏见区下鸟羽长田町 135　电话：075-611-5151　营业时间：9:00—17:00　官网：www.tsukinokatsura.co.jp

167

167 招德酒造·四季纯米吟酿

479 日元 /300 毫升

1645 年创立的老店,位于京都伏见,利用当地最佳的精米与水源酿造纯米酒。从春到冬,四季的包装分别是春樱撩人、夏鱼吸水、秋月之诗及白兔踏雪,香气绵厚,十分可爱。

. . . . . .

招德酒造

地址:京都市伏见区舞台町 16   营业时间:8:15—17:00

电话:075-611-0296   官网:www.shoutoku.co.jp

168

168 佐佐木酒造·平安四神

720 日元 /300 毫升

京都的酒厂多在伏见区,但京都酿酒的起源据说是在市内的洛中位置。佐佐木酒厂位于京都二条城附近,传承了古代的酿酒法,与京都本地的农民密切合作,酿造传统的清酒。平安四神酒口味爽快清冽,是极佳的餐前酒,不论是搭配西餐还是日料都很合适。

. . . . . .

佐佐木酒造

地址:京都市上京区日暮通椹木町下ル北伊势屋町 727   电话:075-841-8106   营业时间:10:00—17:00   官网:www.jurakudai.com

169

169 藤冈酒造·苍空

3200 日元 /500 毫升

藤冈酒造创立于明治时代,采用传统工艺酿酒。苍空简约的包装内是透亮的淡黄色米酒,酒精度为 17 度,冷藏后饮用,味道清冽柔和。坐在酒厂直营店酒吧的一角,慢慢品尝一杯苍空酒也是乐事。

. . . . . .

藤冈酒造

地址:京都市伏见区今町 672-1   电话:075-611-4666   营业时间:11:30—18:00   官网:www.sookuu.net

170　宝酒造上撰·松竹梅

1868 日元 /1.8 升

宝酒造松竹梅造酒的历史也很久远，可追溯至 1842 年。松竹梅清酒的名称源自中国的岁寒三友"松竹梅"，其 logo 的作者是"昭和三笔"之一的书法家日比野五凤。上撰·松竹梅酒味纯正，特别适合作为祝贺用酒。

宝酒造

地址：京都市下京区四条通乌丸东入　电话：075-241-5110
营业时间：9:00—17:00　官网：www.takarashuzo.co.jp

171　京都蒸馏所·季之美·京都干型金酒

5000 日元 /700 毫升

京都第一家金酒制作蒸馏所，旨在传达京都传统之美。季之美由柚子、山椒、玉露、伏见名水、桧木、柠檬皮等京都元素和国产大米酿造而成，是京都坊主吧（和尚酒吧）老板羽田高秀特别推荐之物。包装使用云母唐长的纹样，传统典雅。在京都伊势丹、高岛屋等许多商场有售，也可在坊主吧品尝。

京都蒸馏所·京都站伊势丹贩卖处

地址：京都府京都市下京区乌丸通盐小路下儿东盐小路町　电话：075-352-1111　营业时间：10:00—20:00　官网：kyotodistillery.jp

伏见酒相关博物馆

001　伏见梦百众

前身是大正时代建造的月桂冠本店，目前作为伏见特产专卖店开放。在这里不仅可以买到伏见当地出产的约 100 种清酒，还可以品尝伏见特色美食。

地址：京都市伏见区南浜町 247　电话：075-623-1360　营业时间：10:30—17:00（周末、节假日至 18:00）

002　月桂冠大仓纪念馆

日本驰名制酒商月桂冠运营的酿酒博物馆。由始建于 1909 年的酒窖改装而成，1982 年开业。馆内除了关于伏见的酿酒史与日本酒的发展历程、酿酒工序的介绍外，还有约 400 件酿酒工具等史料与各类酒器。

门票：300 日元（附赠 180 毫升纯米酒一瓶）　地址：京都市伏见区南浜町 247　电话：075-623-2056　营业时间：9:30—16:30　官网：www.gekkeikan.co.jp/enjoy/museum

好礼

01. 长辈

好礼 - 01-04

京都赠礼手帖

撰文 ◎ 小绿　　图片 ◎ 骆仪、芥末、各受访商家

精心挑选自己喜欢的好物赠送，对方也一定能收到这份心意。

传承各种手工工艺、凝结了无数职人心血的京都制造，是送礼的不二佳选。我们精心设计了一份礼物名单，分别适合赠送给长辈、上司、儿童与新婚夫妇，希望能帮你挑出最合适的伴手礼，为旅行画上圆满的句号。

172　一保堂茶铺 · 玉露万德 155 克 / 煎茶日月 165 克套装

5000 日元

万德既保留了玉露独特的浓厚香气，又有绿茶本身的清爽感。日月也属于比较平衡的煎茶，既不会太涩，又不会甘味太重。两种茶具有不同的风味，却都是十分平和的好茶。一保堂茶铺极具人气的茶罐，精致而复古，适合送给长辈。

173　东哉 · 御本手 · 朱金彩樱茶壶

45000 日元

老铺东哉烧制的陶制茶壶。壶嘴处的缺口造型十分独特，不仅美观，还能使热茶在流出的过程中尽早蒸发热量，避免烫口。壶盖处手描的金灿灿的樱花瓣，能够令整只茶壶无比华贵，却又毫不艳俗。

174　宫胁卖扇庵 · 松鹤梅

13500 日元

资深扇绘师在金色的和纸上亲手绘出昂扬的青松、仙灵的白鹤以及绚烂的白梅，体现出老当益壮、不畏严寒的豪情，是祝寿的最佳礼物。

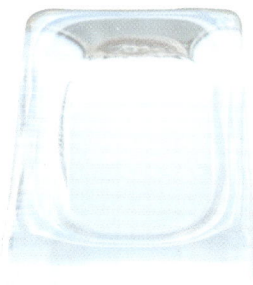

175 鸠居堂·线香组合·清芳与舞衣

7500 日元

老铺鸠居堂精心调制的线香中,清芳与舞衣令人难忘。两者都是典型的白檀香,单听名字就能感受到其清雅之趣,气味幽雅清净,能够舒缓安神。线香出烟少,十分适合日常使用。

176 洸春窑·市松片口酒壶 / 酒杯

5000 日元 /2000 日元

这一套酒器由京都陶艺家——三代目高岛洸春烧制,采用宝蓝色的市松纹样,大气却不沉闷,虽说是酒器,也可用来喝茶。

177 鸠居堂·神洲毛笔(大)

3200 日元

鸠居堂的毛笔一直受到许多书法爱好者的喜爱。神洲选用优质羊毫制成,直径 1.2 厘米。羊毫材质的毛笔吸墨性好,笔迹柔软,挥毫泼墨之时能展现出质朴天然的美感。

178 荒川尚也·玻璃砚台

20000 日元

平时能够买到的砚台未免有些大众化,荒川尚也工坊制作的玻璃造型的砚台则十分独特。透明的砚台与浓黑的墨汁形成鲜明的对比,磨墨的过程也变得不再单调。

02. 男性上司

179　清课堂 · 锡器酒杯 · 弥生

10000 日元 / 只

造型来源于弥生式土器，不讲究对称，而是略显随性，表面特意打磨出粗糙的纹理，让人在现代生活中不忘自然的质感。小酌时，酒的清冽与锡器的清凉相得益彰。

180　公长斋小菅 · 竹清香

1000 日元 /50 根

将竹片放在传统的土窑中烧制一周，就能得到优质的竹炭与竹醋液，之后添加天然香料成分，便是公长斋小菅的竹清香，有净化空气、消除异味之效。点燃竹清香，竹子的幽淡香味令人如同置身竹林深处，能够在工作之余缓解疲劳。

181　公长斋小菅 · 竹造型玻璃笔

4500 日元

笔身用竹木反复涂漆，制成自然的竹节造型，粗细适中，竹节的凹凸正好契合手指，写字时可以很好地控制笔迹与力道。玻璃制成的笔尖顺滑好用，墨水能够均匀而持续地流出，日常书写时也能感受到大自然的亲切。

182　祇园辻利 · 茶叶点心礼盒

3200 日元

礼盒内有两款茶叶及一款点心，包括味道清爽的煎茶、茶色青翠的冠茶以及抹茶味的长崎蛋糕，让人既能喝到两种醇正的日本茶，又能品尝到绵软美味的蛋糕，可谓一举两得。

02. 女性上司

183 京都 Chidoriya 有机滋润香膏

2600 日元 /8.3 克

萃取山茶精油、玫瑰果油、桧木精油、蜂胶等天然成分制成，具有抗菌保湿的效果，可作为唇膏、护手霜、面霜等使用，能够防治皮肤粗糙、皲裂等。不添加防腐剂、乳化剂，使用更安心。

184 SOU·SOU·数字口金包（小）

3300 日元（配套包带 1000 日元）

采用 SOU·SOU 最经典的数字图案，黑白配色让整个包变得个性十足。这款口金包非常实用，包带的长度可以调节，手提或肩背均可，容量大，可以放下手机、钱包、纸巾等，适合随身携带。

185 Nursery·按摩精油

2000 日元 /10 毫升

Nursery 在京都市下京区佛光寺通柳马场西开了一家洋溢着日式风情的按摩店，旅途疲惫之时来此按摩也是放松自我的好选择。此外可以在 Nursery 店内购买按摩精油回家享受，它由京都本地无农药栽培的京柚子与其他天然成分制成，能够为肌肤带来润泽。

186 千总·迷你长丝巾·七宝纹样

6000 日元

七宝是日本的传统纹样之一，由佛教的七种宝物演变而来，是圆满、和谐的象征。明亮的粉色在日常着装中搭配性强，是全身的亮点。

03. 儿童

187 中川政七·日本市·乡土玩具扭蛋

400 日元

中川政七商店联合海洋堂推出的日本乡土玩具扭蛋，47 个都道府县各有一个。每扭一次需要 400 日元，可扭蛋就是有让人想要忍不住再扭一个的魔力！其中，东京都的犬张子是在日本婴儿满月时去神社进行"初宫参"时使用的小道具，寄托了父母希望孩子不要生病，能像小狗一样健康成长的美好心愿。青森县的鸠笛是外形像鸽子一样的陶制笛子，向尾巴吹气时，能发出类似鸽鸣的声音。

188 三三屋·兔子透明伞

2000 日元

透明雨伞是日本人不可或缺的生活用品，伞面上加了三三屋最具代表性的花纹，别致又可爱，在保护孩子不被雨水淋湿的同时，还能令孩子享受到雨天的乐趣。

189 中川政七·富士山婴儿服礼盒

3550 日元

中川政七商店推出的婴儿服礼盒，设计延续了经典的富士山图案，由纯净的白色与温和的蓝色组成。整套礼盒包括一个围嘴、一双袜子、一块千代布手巾，以及一个富士山造型的小玩具（可抽签）。

190 京东都·鬼脸晴天娃娃

850 日元

比起一般的晴天娃娃，京东都的晴天娃娃表情丰富多了，还是一个大家族：有蓝唇黑齿的小僧、伸舌头的小僧，还有爸爸、妈妈、五兄弟和三姐妹。

191

192

193

194

191 纸司柿本·折纸书

1200 日元

内含 16 枚折纸，教孩子把一张普通的
纸变成小动物等多种不可思议的形状，
既锻炼了儿童的动手能力，又能寓教于
乐，帮助孩子认识生物，产生结构意识。
做好的折纸作品还可以当作装饰，非常
有纪念意义。

192 祇园辻利·祇园之里抹茶夹心棒

400 日元 /8 根

酥脆的外壳配合内含的抹茶奶油夹心，
咬一口尽享香浓。奶油很好地中和了抹
茶本身的苦涩，抹茶又消解了奶油的甜
腻，搭配出让人难忘的美味。

193 京东都·清水寺毛巾

1000 日元

京东都每月推出一条不同图案的毛巾，
图案是京东都本店可以眺望到的八坂
塔以及相应季节的自然风物。毛巾柔软
亲肤，适合孩子使用。

194 SOU·SOU·童装斗篷

6400 日元

SOU·SOU 为小朋友特别设计了柔软
厚实的斗篷，细密的编织使得斗篷看起
来极富质感，宽松的设计也很适合在里
面加衣服。

04. 新婚夫妇

195　公长斋小菅·竹筷·Miyabi 系列

L 号套装 4800 日元

公长斋小菅的竹筷是经典产品之一，好用又耐用，Miyabi 系列红与黑的搭配十分经典，23 厘米的长度更符合中国人的使用习惯，送给夫妇两人使用正合适。

196　芸草堂·花版画·椿

12000 日元

椿即山茶，是日本代表性的花卉，花语为"理想的爱"，正是婚姻生活的真谛。芸草堂的花版画色泽雅致鲜活，栩栩如生的花朵传达出对美好生活的祝愿。

197　Wonder Sweets KIYONAGA · 干果子礼盒

1200 日元

外观精致漂亮的和果子是绝对不会出错的礼物。这盒以甜度高雅细致的和三盆糖制成的干果子，如艺术品般美丽，玫瑰与蝴蝶代表着浓烈的爱情。

198

199

200

198 一泽信三郎·围裙（小）

5000 日元

京都许多老铺店员的围裙，胸口和下摆处共有三个口袋，实用性强。婚姻就是琐碎的日常，这款围裙代表着祝福新婚夫妇在每一天都拥有美好生活的心愿。

199 伊万里陶苑·酱油瓶

小 2200 日元 / 大 2400 日元

为心爱之人下厨是很甜蜜的事情，在厨房忙碌时，深邃的蓝色调味罐绝对能让人心情大好。这款酱油瓶产自佐贺的伊万里陶苑，已有 48 年历史。D&DEPARTMENT 京都店有售。

200 鸠居堂·香熏精油·杨贵妃

3800 日元

制香师怀着对美丽高贵女性的想象来制作这款香熏。香气安静而缓慢地散开，使整个空间充满恬淡而高雅的气息。

J MOOK

出品人
|
韩哲

主编
|
骆仪

内容编辑
|
梁琳

跨页插图
|
此木

在川旅宿 出品

※ J Mook
由在川旅宿驻日团队精心打造，是专注日本旅行和生活方式的系列杂志书。「J」既是「Japan」，又象征着「Journey」与「Joy」，代表行乐途中的态度。

>> 骆仪

中山大学现代文学、伦敦大学金匠学院纪录片双硕士。曾任职平面、电视与网络媒体多年；为 Lonely Planet 撰写旅行指南《广西》《海南》；常年为《中国国家地理》等多家旅游媒体撰稿。

自助旅行 40 多个国家，热爱潜水、滑雪。现旅居京都，出版日本人文旅行杂志书 J MOOK。2016 年主编的《京都漫步》曾位列京东、亚马逊、当当旅游类畅销榜第一名，获日本国家旅游局首席代表所长服部真树高度评价。

本期撰文《荒川尚也：他的玻璃，看得见京都山水的灵魂》《清课堂：柔软又沉重，冷艳又温暖》等。

>> 日野明子

1967 年生于日本神奈川县，现居东京。大学时师从工业设计师秋冈芳夫，开始对手工艺感兴趣。后长期负责北欧及日本餐具的经营，1999 年独立，从事过展览策划、杂志编辑、大学讲师等职业。出版《器物手帖 1》《器物手帖 2》《如何将厨房用品变为毕生好物》等。

本期撰文《京烧：扎根京都 博采众长》《东哉：小津安二郎之爱》。

>> 林奕岑

英文名 Mandy。曾任职台湾广播电视媒体十多年，自 2011 年移居京都后，尝遍包括"京果子果匠会"在内的数十家京果子老铺逾五百款和果子，是和果子研究家。曾任职于京果子老铺龟屋良长，是极少数在二百年以上老铺工作的外国人。同时也是自由撰稿人，曾出版《MJ 交换周记：京都 x 台南的 100 个美好生活》《极上京都：33 间寺院神社 x 甘味物语》。

本期撰文《永乐屋：日本人爱用 400 年的风吕敷》《京都和果子老铺巡礼》等。

>> 苏枕书

江苏通州人，客居京都。爱好买书、种花。曾出版《京都古书店风景》《有鹿来》《京都如晤》等多部关于京都的作品。

本期撰文《纸司柿本：温润亲密，写尽相思》《芸草堂：在版木与和纸中跟历史对话》。

>> Aki

穷游网 JNE 买手、"一期一会"海外项目策划人。曾多次探访京都、德岛、新潟燕三条、富山高冈、宫崎绫町等日本手工艺重镇，寻访匠人与手作故事。

本期撰文《一泽信三郎帆布：仅此一家 别无分号》。

>> 小绿

记者、翻译、自由撰稿人。留学、工作在京都与东京，研究中日两国文化与心理差异，正在写一部以京都为背景的小说。

本期撰文《公长斋小菅：柔韧莫过竹，万变不离宗》《鸠居堂：平安时代的香 千年不变》等。

花見
レンタル着物

漫步京都
着和服，
美一路。

穿和服、品茶道、文化體驗，
在祇園古街，遇見一期一會
的和風旅程。

京都

Kyoto Walk
穷游·最世界「京都」特辑

漫步

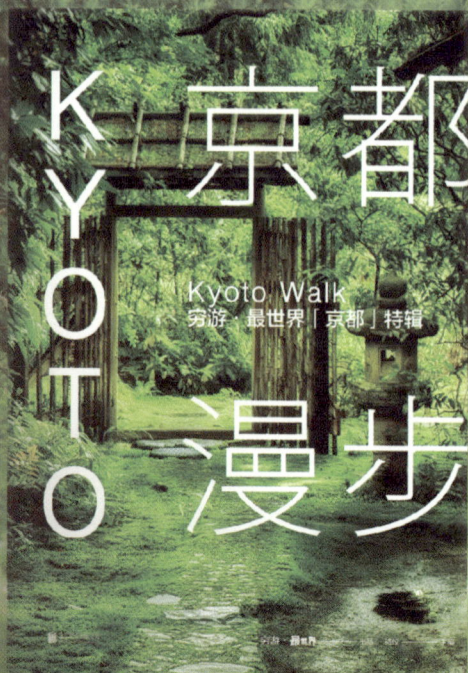

漫步京都街头，
寻访名寺、名匠、名吃、名物
一年四季，
随时随地发现京都的美